99%的溝通都是在解決情緒問題！

讀懂別人的情緒，把話說進心坎裡，晉身溝通高手的42個說話技巧

知名情緒管理與溝通作家 丁貞 著

真正影響人與人之間溝通的，
不是口才，不是道理，而是「情緒」！

因此，真正的溝通高手，是要能看穿對方情緒及情緒背後的需求，
一旦對方覺得你懂他，你說的話就是他想聽的話，溝通從此順暢沒阻礙！

目錄

第一章 有了好印象，不怕聊不來

第二章 承認自身情緒，引發他人共鳴

第三章

潛台詞表達法，使溝通更有效

第四章

談好主話題，交流更有趣

第五章

掌控了情緒，就擁有了話語權

第一章

有了好印象，不怕聊不來

前言

在生活中，我們初見一個人，總會對其產生印象，印象的好壞決定我們是否繼續與其來往。

大部分的人對一個人形成印象的過程通常符合「首因效應」，即第一印象效應。也就是說，人們對一個人各方面特質做出的判斷通常基於最先從對方身上獲取的資訊。

然而，一個人最先傳遞的資訊是極其有限的，在大多數情況下僅包括形象、言行，所以，通常構成第一印象的元素僅有形象、氣質、言談與舉止。

儘管「以貌取人」是大多數人不可避免會犯的錯誤，但事實上，在形成第一印象時，言談舉止比形象氣質更重要，因為談吐可以表現個人內涵，談吐能決定是否進行深入交流、是否持續產生互動。

試想一下，一個人張口便妙語連珠，且談論的話題非常吸引你的注意，你會拒絕與他聊天嗎？

反之，一個人開口就亂講話，瞬間點燃你的怒火，你還願意跟他聊下去嗎？大部分的人願意接受的溝通對象通常是前者。可見，好印象是深入交流的基礎，而談吐的確在塑造第一印象上有著極為重要的作用。

所以，要持續互動，還得從初次溝通，選擇合理的話題開始。

你說的話，決定你給人的印象

成為你想成為的人，說那種人會說的話——要做公主，就要說公主才說的話。

開場白的重要性

愛莉在某直播平台做主播。每次直播開始，愛莉的第一句話都一樣：「忙碌了一天，終於跟大家見面了，好累啊。」

這句話不是愛莉經過思考後設定的開場白，而是隨口說的。大多數直播節目都是即興表演，愛莉的直播也一樣，打開攝影鏡頭，直播就開始了。

所以，「忙碌了一天，終於跟大家見面了，好累啊」不是必須使用的開場白，它可以被其他話語替代。

比如，愛莉可以甜甜地撒嬌：「又一整天沒跟大家聊天，愛莉真的好想你們。」

或者，愛莉可以很有活力地打招呼：「大家好，你們最喜歡的愛莉又來啦！」

再或者，愛莉可以無厘頭地開玩笑：「直播已經開始了嗎？不好意思，我還沒準備好，可以重來嗎？」

愛莉的開場白給首次觀看直播的觀眾留下的第一印象，即「首因效應」。甜甜地撒嬌會讓觀眾覺得愛莉是個嬌柔可愛的女孩，充滿活力地打招呼會讓觀眾覺得愛莉是個開朗熱情的女孩，無厘頭地開玩笑則會讓觀眾覺得愛莉是幽默風趣的人。

不管是嬌柔可愛、開朗熱情，或幽默風趣，總好過負能量滿滿吧？

「忙碌了一天，終於跟大家見面了，好累啊。」這是一句傳遞負能量的開場白，它會讓觀眾覺得愛莉是個喜歡抱怨的女孩。

無論愛莉的表演多麼精彩，她選擇的開場白都是失敗的，因為她沒能讓觀眾看到她的正面形象。

愛莉可能因為隨口的一句話成為觀眾眼中性格糟糕的女主播，也可能因為一句不恰當的開場白毀掉了自己與觀眾的愉快互動。

如果愛莉懂得開場白的重要性，在直播時，她即便再疲憊也會謹慎地說出第一句話，因為她說的話會影響觀眾對她的第一印象。她要做嬌柔可愛的公主，她就要說公主才說的話；她要做開朗熱情的少女，就要說少女才說的話；她要做幽默風趣的開心果，就要說開心果才說的話。

三種開啟話題技巧

把這個道理套用到生活中的其他地方也一樣。你說什麼樣的話，決定了你給人什麼印象，而開場白作為脫口而出的第一句話，更容易決定你會給他人留下怎樣的印象。

不想讓人聽完你說的第一句話就懶得跟你聊下去，就認真為後續溝通開個好頭吧，因為好的開始是成功的一半，精彩的開場白是溝通成功的一半。

如果每次和別人聊天時，你都不知道該說什麼，可以試試以下三種開場白。

一、利用對方的好奇心。

好奇是人的天性，用一些能引起他人好奇的話題作為開場白，很容易激發對方與你互動的欲望。

首先，你可以設置一個懸念。

然後，在解答懸念的時候，引起對方認知衝突。

最後，創造某種條件，支持對方解決衝突。

例如——

A：我覺得你很像一位卡通人物。（設置懸念）

B：是嗎？說說看，你覺得我像誰？

A：像史瑞克。（引起對方強烈的認知衝突）

B：啊？怪物史瑞克？我有那麼醜嗎？

A：我不是說你長得像他，而是你有一種跟他很像的樂觀精神，還挺多才多藝的。（創造條件，解決衝突）

B：哈哈，原來是這個意思，我也挺喜歡這個卡通人物的，因為……

如此一來，對方的話匣子就被你成功打開了。

二、討論熱門事件。

在找不到話題的情況下，可以選一些熱門事件跟對方聊。比如，正在熱映的電影，或貼近大眾生活的消費資訊，又或是近期發生的重大新聞。

但是，選用熱門事件作為開場白要注意一點，在陳述事件時注意觀察對方的反應，如果對方對你的話題明顯不感興趣（表現為回應很少或一臉茫然），你就得重選話題了，以免讓對方覺得你所講的與他完全沒有關係，你根本就是在毫無目的地瞎聊。

三、提供有價值的資訊。

在溝通時，根據對方的身分做出判斷，提供對方有價值的資訊，不僅能快速讓對方對你產生好感，還有助於展開話題。

比如，與你聊天的是一位初為人母的女士，你可以說：「我在網路看到幾種給嬰兒做副食品的方法，做法很簡單。妳等等，我找給妳看。」

主動提供有價值的資訊，會令對方覺得你是一位有心人，對方對你產生了好感，即使你不知道該聊什麼，對方也會找話題跟你聊，不會放任氣氛冷下去。

這三種開場白有利於促進交流，展開話題，但不管你選擇哪種類型的開場白，務必注意措辭——記住，你說什麼樣的話，決定你給人什麼印象。

不想做怨天尤人的可憐蟲，就別滿口怨言；不想當尖酸刻薄的「毒舌王」，就別口吐惡言；不想成為自卑善妒的小心眼，就別滿嘴酸話……

成為你想成為的人，說那種人會說的話。

恰到好處地引起話題，一句頂一萬句

所謂「恰到好處」，就是要避免「哪壺不開提哪壺」。

每個人都免不了要跟別人閒聊，有些人更是把閒聊當成愛好，沒事就喜歡找人聊天，等個車也要跟旁邊的人搭訕。

喜歡找人閒聊沒什麼不好，起碼我們可以通過閒聊鍛煉自己的溝通能力，畢竟培養口才不能只講理論，實踐更重要。跟一百個人閒聊過，口才自然會提升不少。

不過，在閒聊時，你得確認自己的話能激發雙方的互動，要是一講話就把天聊死，那不叫閒聊，叫「尬聊」——尷尬地聊天。

跟任何人都聊得來，還是只是自我感覺良好？

楊梅就是一個喜歡與人聊天的女生，而且她以為自己深諳聊天之道，甚至對外至於為什麼楊梅會說自己跟誰都聊得來，當然是因為她覺得不管跟誰聊天，她都不會因言語之失惹人生氣，而且懂得安撫別人的情緒。所以，至今楊梅都認為自己擅長聊天。

其實，除了荷子、阿喵和魯魯，楊梅身邊大部分的人也都不喜歡和她談天。因為跟楊梅聊天，就好像自己同自己對話，無聊透頂，楊梅太沒有主見，雖然跟她聊天氣氛不會很糟，但難免顯得死氣沉沉。

用「一句話」恰到好處地引起話題，但要避免踩雷

當你對一件事情提出看法，發表個人意見時，濫好人只會點頭稱是，就算你接著陳述自己的看法，也沒有什麼意義。你面對的那個濫好人，只會在你每次停頓的空檔，說一句類似「對啊，我也這麼覺得」的敷衍之辭。若你還有興趣講下去，可能你不是想找人聊天，只是想把自己的看法說出來給自己聽罷了。

或者，你提出的第一個看法得到了濫好人的認同，你可能會試著換一個話題來講，不過很快你就會發現，不管換什麼話題，得到的回應都是一樣的，你總不能無休止地換話題……這麼絞盡腦汁地聊天，太累了。下次想找人聊天，你一定不會選

沒有主見的濫好人作為對象了。

這種情況其實也經常發生在很多情侶身上。男生陪女生逛街，女生興致勃勃地試穿不同衣服，每一次從試衣間走出來，詢問男朋友意見，男朋友只會說：「妳穿什麼都好看。」女孩子一定會不高興，男友雖然講的是好話，但每次都講這種沒有主見的好話，聽起來就很像在敷衍。

所以，如果你不想把話聊死，就別當楊梅那種只會附和他人的濫好人。

一般而言，聊天時，人人都想發表意見，且每個人都希望自己的意見被重視，也希望自己提出來的觀點能引發討論，而想炒熱聊天的氣氛，只要用一句話激發他人發表意見即可。

你可以選擇有爭議的話題，比如：「現在好多女孩都願意接受整容手術了，明星也一樣，難道大家都覺得好看的臉比才華更重要嗎？」

又或者：「在大城市裡生存好難，很多高學歷的年輕人好像並不願意待在大城市發展，真不知道是留在小城市過安逸穩定的日子好，還是闖蕩大城市，為了夢想拚搏好？」

這類富有爭議的話題更容易使大家參與進來，在討論的過程中，每個人都有機會表達自己的觀點，氣氛很快就會熱絡起來。

不過，期望用一句話引爆氣氛，達到「一句頂一萬句的效果」，你必須把握分寸，拿捏尺度，選一句恰到好處的話來講，否則，熱烈的探討可能會演變成激烈的爭論，甚至爭吵。

如果聊天現場有一個整過容的女生，當然不能選整容話題來引起討論；要是剛好有在大城市混得很失敗，走投無路，才選擇回小城市的年輕人在場，最好也不要拿留在大城市還是回小城市的問題作為點燃氣氛的引子。

所謂恰到好處，就是要避免哪壺不開提哪壺。只要聰明地避開了他人忌諱的雷區，用一句話為他人提供表達自己觀點的機會，你的發言就能達到一句頂一萬句的效果。

直率應建立在尊重和善意上，暖如一杯熱茶

誠實是美德，尊重他人也是美德，不顧他人感受，說出踐踏他人尊嚴的話，不是直爽，而是沒教養。

直爽是褒義詞。

不少人聲稱自己喜歡跟直爽的人相處，而許多喜歡說實話的人也會標榜自己是直性子。直性子的人沒有花花腸子，為人誠實。

誠實，是一種美德，值得被發揚光大。古語云，忠言逆耳利於行，誠實的話或許沒那麼好聽，卻是有價值的。

所以，許多人誤認為喜歡說實話就等於直爽。如果你也有這樣的想法，接下來，請你試著感覺一下以下兩句話給你的感受：

一、你該減肥了，最好少吃高熱量食品。

二、你這麼胖，怎麼還有臉吃熱量這麼高的東西？

如果你是一個需要減肥的人，更容易接受以上哪句實話？

相信大家都會選擇句子一。

兩句同樣帶有批評語氣的實話都是忠言，都逆耳，但人們卻更願意接受句子一，看來不是所有的實話都容易被眾人接受。

實話或許未必等於直爽。

其實，句子一之所以更容易被接受，是因為句子一裡有尊重，句子二裡有嘲諷。

誠實是美德，我們要講實話，但與此同時，我們必須明白，尊重他人也是美德，不顧他人感受胡亂發表個人主觀意見，說出踐踏他人尊嚴的話，不是直爽，而是沒教養。

真正直率的言語應當像一杯熱茶，帶給對方暖意，而非冷刺

桑榆和小葵曾是閨密，她們的關係最終就是因為缺乏尊重的直爽而決裂的。

桑榆皮膚黝黑，但身材很好；小葵皮膚白皙，但身材不好。

小葵剛認識桑榆的時候，經常約桑榆逛街，接觸的頻率高了，很自然地以閨密相稱。

小葵第一次在桑榆面前表現自己糟糕的教養時，雖然話說得不好聽，但她至少給了桑榆一個做心理準備的暗示。

當時，桑榆看中了一條白色的連身裙，興奮地拿給小葵看，問道：「我好喜歡這條裙子，妳覺得怎樣？」

小葵皺著眉頭說：「我這個人情商低，說話比較直，有些話說出來，妳可能會不高興，但我對妳說的每一句話都是為了妳好，希望妳不要放在心上。」

拋出了這種話，明顯表示接下來她要說的是不中聽的話，桑榆要是不聽，豈不是顯得太小家子氣？

於是，桑榆大方地說：「沒事，妳說吧！」

其實，很多人在說不中聽的話時，都會先講出小葵的這番話，而他們心裡也早就料到對方多半會回應：「沒事，你說吧！」得到了這種回應，自然就能名正言順地說所謂的實話了。

果然，就聽小葵說：「我覺得這條裙子簡直俗不可耐，稍微有點審美觀的人都不可能看上這種款式。再說，妳黑得跟煤炭似的，穿上白裙子肯定不好看。」

桑榆聽了這種話，當然不是很高興，但她沒有反駁小葵，因為皮膚黑的確是她的缺點，至於她的審美觀如何，她自己也不確定。

接下來，小葵更加肆無忌憚，切蛋糕給桑榆的時候，她開玩笑道：「巧克力蛋糕會不會越吃越黑？妳已經夠黑了，哈哈哈！」

合影的時候，小葵說：「我跟妳站一起，簡直就是黑白配嘛。」

唱歌的時候，小葵說：「我以前怎麼沒發現妳五音不全，唱歌比哭還難聽！」

桑榆決心遠離小葵，但她不想在小葵生日時掃她的興，桑榆的男友受不了，拉起桑榆直接甩門離去。

小葵一臉無辜地埋怨：「小心眼，不過是開玩笑而已。我這個人本來就很直率，她又不是不知道！」

顯然，小葵誤解了直率的含義。

直率不是肆無忌憚地用言語傷害別人。

直率不是不分場合、不顧影響、不克制情緒地亂講話。

如果把直率和說話不經大腦畫上等號，那就不可以要求所有人為你所謂的「直率」讓路，接受並原諒因為你的「直率」造成的尷尬與唐突。

小葵在表現直率的時刻，無視桑榆的感受，她的直率傷害了桑榆的自尊，這樣的直率對桑榆來說是一種攻擊行為。不管以什麼方式攻擊別人，都是沒有教養的行為。

無視他人的感受是不尊重他人，主動攻擊他人傳遞的是惡意。

真正的直率建立在尊重和善意上。

尊重他人就不會說出令人難堪的「直率話」，不會抓住他人的缺點加以嘲諷。直率的人說出的所有建議與評價都因善意而起，而一個內心充滿善意的人懂得如何包容他人的缺陷。

直率的人只會提醒腿粗的女孩「小心穿短裙著涼」，而不會直接攻擊對方的缺點：「腿粗就別穿短裙。」

你的直率應當像一杯熱茶，帶給對方暖意，而不應當像冷酷的冰水，淋濕對方的心。

用讚美勾起對方談話的興趣

引起別人談話興趣，最有效、最簡單而且絕對不會出錯的方法，就是讚美。

溝通，口才不是重點

什麼樣的人更善於與人溝通？

大多數人在回答這個問題的時候，給出的答案都差不多，普遍認為口才好的人更善於與人溝通。

論溝通，人們關注的總是口才，可是，口才再好，無法引起互動也是白搭。

在溝通時，你總是自顧自地說一通，說得再好，人家不感興趣，溝通就沒辦法進行下去。你的好口才做不到引起互動的作用，也就沒有繼續發揮的機會，這就好比演員在台上表演，演技雖好，但台下的觀眾不買帳，不為你喝彩，不為你鼓掌，甚至拒絕再次買票入場，你的好演技能秀給誰看呢？

更何況，溝通不是演講，只顧著向別人炫耀口才，頂多可以向他人展示自己的看法，別人可以通過你說的話瞭解你的想法，但對方不願與你互動，嘴巴都不張，你怎麼瞭解對方的觀點？

溝通是一種互動，是人與人交流思想情感的過程。對方拒絕交流，即使你擁有一流的口才也只能吃閉門羹。

所以，在培養口才之前，還是先關注該怎樣引起對方談話的興趣吧。

雖然引起談話興趣的方法有很多種，但最有效、最簡單，而且絕對不會出錯的，就是讚美。哪怕你面對的是一個不苟言笑的談話對象，只要你大方地讚美他，且讚美得恰到好處，他多少都會給你一些回應，此時抓住他的回應，接著聊下去，氣氛就會熱絡起來。

不過，對大部分的人來說，讚美別人不是問題，怎樣利用讚美引起對方的談話興趣才是個問題。

注意，如果讚美不得當，可能會適得其反。

讚美別人之前，先觀察對方在乎什麼

沐子嘴巴很甜，非常喜歡讚美別人。

有一回，沐子想跟新來的同事聊一聊，因為不熟，不知道講什麼才能打開對方的話匣子，於是，沐子用讚美的方式開啟溝通之門。

對方是個女生，沐子很快就找到了對方身上值得讚美的地方。那女生頭髮香香的，聞起來很清新，所以，沐子說：「妳頭髮好香，是用什麼洗髮精？可以推薦給我嗎？」

對方聽了這話，臉色卻變得很難看，然後就默默走開了。

沐子不曉得自己說錯了什麼。都說誇人要誇到實處，不要瞎誇一通，否則會讓人覺得你的誇讚很虛偽，被沐子誇的新同事頭髮真的很香，沐子的讚美之詞是基於事實說出來的。

難道是因為這句讚美不合人家的心意嗎？女孩子都喜歡自己被誇漂亮、可愛，可是，見到每個女生都讚美人家長得漂亮，未免有些俗氣，所以，沐子才誇對方頭髮香，畢竟「頭髮香」也跟形象有關。按理說，對方聽了這種讚美，應該很高興才對，居然黑著臉走開，也太沒禮貌了。

不過，沐子的另一個同事作為旁觀者，倒覺得沒禮貌的人是沐子，而不是那個被誇的新同事。

其實，新同事的頭髮很少，頭皮都露出來了，頭髮明明是她的弱點，頭髮香是沒錯，可是髮量少，有這樣的缺陷，應該不希望別人關注自己的頭髮吧？沐子居然要人家推薦洗髮精，這種「讚美」當然顯得沒有禮貌，甚至可以說，這不是讚美，是嘲諷。

明明是想讚美人，最後卻變成了嘲諷，這種事也不是第一次發生在沐子身上了。

還有一回，沐子剛搬了家，因為想建立好與鄰里之間的關係，在電梯裡遇到鄰居時，沐子誇鄰居的女兒長得漂亮，結果被人家臭罵一頓。

那天，沐子誇的那個女生真的長得很漂亮，身材也很好，可是，那個女生不是鄰居的女兒，而是鄰居的戀人。

不要以為問題不是出在沐子身上。其實，沐子只要稍微用點心，就看得出女孩不可能是鄰居的女兒，因為，鄰居摟著那女孩，兩人動作親密。

所以，說錯了話，被人家臭罵一頓，追根究柢，也是沐子活該。

看來，即使是讚美人的好話也不能亂講，要不然得到的回應不是被甩臭臉，就

暫時忘掉「自己」，才能瞭解他人

要拉近人與人之間的距離，請試著從與「你」相關的話題入手。

當你試圖拉近自己與某人之間的距離，你會跟他聊什麼話題？不必急著回答這個問題。接下來，我想說一個關於聊天的故事，看完這個故事，你可能會發現拉近人與人之間距離的溝通妙招。

話題從「你」還是「我」開始比較好？

阿邦和曹叢在同一家室內設計公司上班，兩個人都是設計師，阿邦的設計方案的採納率很高，曹叢的設計方案的採納率卻很一般。

大家都佩服阿邦的工作能力，曹叢也一樣，他甚至把阿邦當作自己追趕的目標。可是，無論他怎麼努力，做出的方案還是經常過不了關。

有一次，下班後，曹叢感到很疲累，一個人去了公司附近的小酒吧喝酒，恰巧遇到阿邦。曹叢雖然不想跟阿邦私下有太多交集，但畢竟是同事，實在不好掉頭就走，只能硬著頭皮坐下，點了一杯酒。

曹叢先打開了話題：「我經常來這裡，今天第一次碰到同事。」

阿邦說：「是嗎？怎麼一個人過來？」

曹叢說：「我沒有女朋友，一個人在這個城市打拚，朋友不多，經常一個人喝酒、一個人吃飯。」

阿邦說：「原來你不是本地人，你的國語說得很標準，聽不出是哪裡人。」

曹叢說：「我老家在南方。」

阿邦說：「那你一個人在這邊肯定有很多不習慣的地方。」

曹叢說：「是啊，最不適應的是飲食。不過我住的地方還好，周圍有很多南方小吃，不少南方人都租在那裡。」

……

兩個人就這樣有一搭沒一搭地聊著，曹叢的每句話幾乎都在談論與「我」有關的事情，而阿邦的每句話幾乎都圍繞在與「你」有關的話題。

曹叢講的是自己，阿邦聊的是對方。

在跟阿邦聊天之前，曹叢原以為自己跟阿邦沒什麼可聊的，沒想到竟然不知不覺聊到了深夜。

這次暢聊過了一個月，阿邦拿了一盒南方小吃給曹叢，說：「我記得上次喝酒，你說你喜歡吃這個，這是我朋友送的，給你吧。」

曹叢心中一陣感動，他根本沒想到阿邦會把閒聊時的話記得那麼清楚。之後，曹叢發現阿邦好像記得每個同事的喜好，而且他似乎特別熱衷於瞭解他人的喜好。

暫時忘掉「自己」，才能瞭解對方的喜好

又過了一段時間，公司接了一個特別難搞定的單子，客戶對設計方案始終不滿意。阿邦把這事攬下來，他去徵求客戶意見的那天，曹叢提出想一同前去的請求，阿邦同意了。他心裡也很清楚，曹叢提出跟自己一起去客戶那兒，說白了，就是想「偷師」。

阿邦沒那麼小氣，他同意曹叢跟自己一同前去。

到了客戶的居所，客戶還沒說幾句話，曹叢就滔滔不絕地介紹起自己，包括自

己畢業的學校、擅長設計的戶型，以及在業內得過哪些獎，並表達了自己的想法。

客戶聽了曹叢一番陳述，似乎還是有些質疑曹叢的能力。

阿邦一直沒開口，見曹叢打動不了客戶，這才說出自己的看法：「來之前，我看過您的要求，您希望我們的設計以淺色為主，但您不喜歡白色或米色為主的牆體。您是不是喜歡低調但又不失風格的設計？」

客戶收起了不耐煩的神色，看著阿邦，似乎期待他繼續說下去。阿邦又說：「不如選擇薄荷綠，怎麼樣？」

說著，阿邦拿出了色卡，把自己口中的「薄荷綠」展示給客戶看。

客戶點了點頭，阿邦繼續說：「如果您的房子交給我設計，陽台我會保留下來，不會打通，而且，我會在陽台上搭建一座狗屋。」

說到這裡，客戶立刻點頭同意簽合約了。

曹叢琢磨了半天也沒明白，為什麼客戶還沒看到阿邦的設計圖就同意簽約了？在回公司的路上，曹叢實在憋不住，開口問道：「你怎麼知道客戶會看中薄荷綠，她沒有在要求中明顯提到這一點，而且你怎麼想到要在陽台建一座狗屋的？你只說了這兩點，為什麼她就立刻同意把房子交給你設計了？」

阿邦說：「她的衣著很簡單，不浮誇，卻包含當下的流行元素，喜歡這類服飾的人當然不會接受顏色豔麗的牆體……」

曹叢插話道：「這是肯定的，她在要求裡說了，整體設計要以淺色為主。」

阿邦搖搖頭，道：「那你說，白色和米色也是淺色，她為什麼不喜歡白色和米色的牆體？」

曹叢懵了，阿邦說：「你有沒有注意到她的衣服和鞋子上有一些極具個性的小設計？也就是說，雖然她的衣著低調，但她是一個追求個性的人。薄荷綠顏色很淺，但比起白色和米色的牆壁，要有個性得多。我沒有選粉色或天藍色，雖然這兩種顏色也很淺，但這兩種顏色少女感比較強，她的穿著偏中性，應該不喜歡少女感很強的顏色。」

曹叢聽到這裡，不禁暗自佩服阿邦的觀察力，急切地再度追問：「可以解釋一下狗屋是怎麼回事嗎？」

阿邦笑笑，說：「她褲子上有狗毛，我猜她應該養了狗。其實我也不確定搭建一座狗屋她會不會滿意，只是說出來試試看，沒想到她同意了。這算是我的運氣好吧，畢竟，不是所有養狗的人都願意在房子裡建一座狗屋，我也是誤打誤撞。」

曹叢見阿邦那麼謙虛，連忙說：「就算這一次是運氣好，也不得不承認，你的工作能力的確很強。我知道我的問題出在哪兒了，我在跟客戶溝通的時候，只顧著說自己的想法，很難充分瞭解他們的需求和喜好，所以設計出來的東西不容易被採納，而你是根據客戶的喜好做設計的，難怪採納率會那麼高。」

阿邦笑了笑沒說話。

兩人走了一會兒，曹叢忽然又想起些什麼。「我知道為什麼大家對你的印象都那麼好了，因為你善於瞭解他人的喜好。你好像和任何人都能聊得來，可能跟人聊天的時候，你總能做到投其所好吧。」

聽了這個故事，你知道聰明人是用什麼方法拉近人與人之間的距離了嗎？

很多時候，大部分的人與別人聊天，總會刻意表現自己某方面的優勢，想以此來吸引對方的注意。

可是，要知道，除非對方對你有好感，否則，對方並不關心與你相關的事情，因為對方也和你一樣，想在你面前展現自己的優勢。

所以，聊天的時候總是以「我」開頭，又或者總是討論與「我」相關的事情，很有可能會把話題聊死，又或者無法引起對方的興趣，甚至給對方一種沒機會發言、沒機會展現自我的感覺。

想要拉近人與人之間的距離，請試著從與「你」相關的話題入手，瞭解對方的喜好，投其所好，對方可能會更感親切，更願意與你長談。

適當給予對方關注，讓談話充滿人情味

講話不生硬，帶上情感，適當給予對方關懷，以提升自己在對方心目中的好感度。

想跟別人好好溝通的人大多喜歡看談話節目或脫口秀，在看這類節目的時候，腦子裡不免會想：如果跟名人談話的人是我，我會說些什麼？如果我是表演脫口秀的那個人，我該怎樣吸引觀眾的注意？

說到底，大家都想在談話中展示自己優越的口才和聰慧的頭腦。但生活中的溝通，跟談話節目或脫口秀不一樣。站在台上表演的人，關鍵是秀出自己；面對面跟人談話，恐怕不該把對方當觀眾對待。

只想讓人家看你表演，只在乎自己的表演是否完美，很容易忽略對方的感受，跟你溝通的那個人會覺得自己沒有得到足夠的重視，對你的好感度自然就降低了。

反之，在溝通的時候，講話不生硬，帶上情感，適當給予對方關懷，讓聊天充滿人情味，提升自己在對方心目中的好感度，彼此之間的溝通會更順暢。

不信？看看尼克是怎樣溝通的，你就知道讓聊天充滿人情味有多重要了。

成功的約會，是展現自己優點？

尼克帶嬌嬌去喝咖啡，精心挑選了適合聊天的咖啡廳。

尼克對嬌嬌很有好感，想藉約會進一步瞭解她，也在她面前好好表現自己。

到了咖啡廳，尼克很認真地挑選咖啡和甜點，專心致志地研究菜單，認真地跟侍者討論咖啡。

搞定一切後，尼克還很認真地對嬌嬌解釋自己選這家咖啡廳的原因。好不容易，咖啡和甜點都端上來了，尼克又開始認真地品嘗咖啡，跟嬌嬌大聊特聊咖啡文化，順便向嬌嬌介紹了一下這家咖啡廳自製的甜點有哪些特點，那模樣好像一位美食評論家。

尼克只是想讓嬌嬌知道，自己很懂咖啡，對美食也頗有研究，藉著與侍者討論的過程展現自己點餐的品味，順便藉聊咖啡文化展現自己的知識。

這麼做真的能提升他在嬌嬌心中的好感嗎？

或許吧。只是，尼克的做法讓整場約會的氣氛變得冷冰冰，一點也沒有甜蜜感。

尼克說了很多話，沒有一句話與嬌嬌相關，他甚至沒有確認一下嬌嬌是否對咖啡文化感興趣。這場溝通對嬌嬌沒什麼意義，她可能會有一種莫名其妙的感覺，她不曉得這個人為什麼要把自己帶到咖啡廳，然後一個勁兒地聊咖啡，說不定，還懷疑尼克是個咖啡推銷員。

約會，就是要甜蜜，就是要輕鬆。尼克講話的時候好像在背誦咖啡大全，這樣的他更像一個咖啡推銷員，而不是認真享受約會的男生。

所以，尼克那天的表現只讓嬌嬌意識到他是一個懂美食、懂咖啡的人，或許嬌嬌也會覺得他很有品味，但嬌嬌沒有看出來他對她有好感。

如果尼克在聊咖啡的時候，適當地給嬌嬌一點關注，就能同時完成兩項任務：讓嬌嬌感受到自己對她的重視，以及向嬌嬌展示自己的品味。

要讓對方覺得自己有「存在感」

愉快的溝通是充滿感情、帶有人情味的。讓對方充分感受到你的重視與關注，對方有了存在感，才有溝通參與感，才願意跟你繼續聊下去。

尼克本可以表現得更好。比如，在介紹咖啡前，可以先跟嬌嬌說：「其實，今天安排喝咖啡是因為我不知道妳喜歡喝咖啡還是喝茶，有點自作主張了，希望妳不要介意。」又或者，在嬌嬌吃東西的時候，幫她遞一下紙巾，讓她知道他一直在關注她；也可以在說完自己想講的話後，問一問嬌嬌的意見，說一句「妳怎麼看」真的沒那麼難。

問「你怎麼看」可以讓對方知道，原來你關心他的想法。

要不然，無論你是安排喝咖啡還是吃飯，又或者安排一起逛畫展，或是看電影，自顧自地選定溝通場所，確定了可以一邊溝通一邊共同體驗的項目，再單方面確定了聊天的話題，自己興奮得不行，人家肯定會覺得你是以喝咖啡、吃飯、看畫展或看電影為重，而不是以他為重。

這樣的溝通不是真正的溝通，對方找不到存在感，會覺得自己只是陪你去喝咖啡、吃飯、看畫展或看電影而已，這些事情本來可以由你一個人完成，拉人家來陪你，誰願意乖乖當可有可無的陪伴者呢？

所以，溝通時應當時不時關懷對方，讓人家知道，你重視的是溝通對象，而不是溝通時進行的那項活動。

滿足對方的傾訴欲，聊天更順暢

溝通要順暢，就要多給別人講話的機會。

大家還記得前文曾提到，聊天時有人習慣用「你」字開頭，而有人卻習慣用「我」字開頭吧？

其實，講話的時候，習慣用「你」開頭的人比較少，大部分人都習慣用「我」開頭。

「我發現自己又胖了兩公斤，應該好好減肥了。」

「我昨晚加班到深夜兩點，因為沒有睡好覺，今天臉上都爆痘了。」

……

大部分時候，這些以「我」開頭的話對傾聽者來說，是沒什麼意義的。

即使，聽你講話的那個人很想瞭解你，在聽到你講述個人遭遇時，同情你的不幸，又或者在你表達觀點時，與你產生了共鳴，也最多只能給出幾句簡單回應，接下來就想盡快聊聊自己的感覺了。

你該不會期望人家一直任由你滔滔不絕吧？

傾訴者VS傾聽者

植美覺得最理解自己的朋友是佩佩，而不是蒂娜。其實，植美和蒂娜在一起的時間比和佩佩在一起的時間更長，而且，蒂娜幫了植美很多忙，有些事，佩佩做不到。

但植美更喜歡跟佩佩聊天，這是植美不識好歹嗎？其實，如果你是植美，你也會更喜歡跟佩佩聊天。

植美與大多數人一樣，聊天習慣用「我」開頭。跟佩佩聊天，她自然也是一樣，每一句話都是在聊自己。

「我換了一瓶面霜，新面霜特別適合我。妳看，我的皮膚狀態是不是比以前好多了？」

「我前男友這幾天老是打電話給我，我懷疑他是想跟我復合。」

「我的狗懷孕了，我不知道該怎麼照顧懷孕的狗。」

……

不管佩佩對植美講的事情感不感興趣，她都會在植美說話的時候注視著植美，一副認真傾聽的樣子，讓植美產生了一種滿足感，這也是植美喜歡跟佩佩聊天的原因。

跟佩佩相比，蒂娜顯然不是一個合格的傾聽者。

如果植美把對佩佩說的話講給蒂娜聽，在一般情況下，她們的聊天過程是這樣的——

植美說：「我換了一瓶面霜，新面霜特別適合我。妳看，我的皮膚狀態是不是比以前好多了？」

蒂娜會說：「我很久沒有換面霜了，也正考慮換呢。上週我跟表妹逛街，本來想買面霜，結果買了一瓶卸妝水，那個推銷員太會說話了，妳知道我這個人耳根子軟……」

植美問蒂娜自己的皮膚狀態是不是變好了，她想聊的是跟自己有關的事情，不想聽蒂娜說跟表妹逛街的事，更不在乎蒂娜的耳根子是不是很軟……蒂娜把話題扯到自己身上，這樣的表現根本不符合植美的期待，植美有點嫌棄蒂娜講太多自己。

如果植美說：「我前男友這幾天老是打電話給我，我懷疑他是想跟我復合。」

蒂娜會說：「我覺得分手了就應該斷得徹底。妳知道三個月前，我也跟男友分手了，他來找我復合，我直接就拒絕了，因為我很清楚，經歷了分手，兩個人就算復合了，感情也不會恢復到之前那樣……」

植美告訴蒂娜前男友老是打電話給自己，懷疑前男友想跟自己復合，可能只是想讓蒂娜知道就算自己目前是單身，也不代表沒人愛，蒂娜卻大談她自己的愛情觀。

如果植美說：「我的狗懷孕了，我不知道該怎麼照顧懷孕的狗。」

蒂娜會說：「我從來沒有養過狗，因為我覺得養狗很麻煩。再說，我覺得花時間照顧小狗倒不如花時間看電影，我看了一部電影，很有意思……」

植美告訴蒂娜自家的狗懷孕了，並不是想向蒂娜求教照顧懷孕小狗的方法。植美和蒂娜是朋友，植美怎麼會不知道蒂娜沒有養過狗呢？她只是想跟蒂娜聊一聊發生在自己身上的事，蒂娜卻扯到自己看了什麼電影，而這事植美並不關心。

總之，每次植美和蒂娜聊天，蒂娜都滿足不了植美的傾訴欲。儘管植美開啟的話題與她自己有關，但蒂娜總能把話題引到自己身上。植美找蒂娜聊天，只想傾訴，不想傾聽，蒂娜大談特談個人感受的時候，植美會覺得很無聊，只想盡快結束談話。

多給別人講話的機會，注視著對方，認真傾聽

所以，你看出來了嗎？植美更喜歡和佩佩聊天，而不是蒂娜，根本原因在於佩佩能滿足植美的傾訴欲，蒂娜卻做不到。

可能你會覺得，為了跟別人聊天，忍受各種與自己不相干的話題，任由人家暢所欲言，實在很沒勁，這樣的溝通不要也罷。可是，你會這麼想，別人的想法也是一樣，人家也不想聽你講太多「廢話」啊！

希望能順暢溝通，就多給別人一些講話的機會，滿足對方的傾訴欲，對方才願意經常與你溝通。

做到這一點並不難，你可以像佩佩一樣，在別人講話的時候，注視著對方，認真地傾聽，偶爾給一些回應，表示你把他的話都聽進去了。

反之，我們最好不要像蒂娜那樣努力把話題扯到自己身上，把抒發個人感受當成回應。因為，很多人在傾訴的時候，只是把想說的話說出來，並不是很在意對方的感受。

要是別人真想聽你的感受，他一定會問：「如果你是我，你會怎樣？」聽到這樣的話，再表達你的看法，對方才不會覺得你說的話很沒勁。

若你實在忍不住要在談天時聊聊自己，可以在滿足對方的傾訴欲後，適當說說自己的看法，一兩句簡短的點評就足夠了。記得，說完個人觀點後多加一句：「你覺得我的想法可行嗎？」用這句話把話題拋回去，讓對方暢所欲言，聊天就會更順暢了。

鼓勵，也能促進交流

孩子聽到鼓勵，會為了得到更多鼓勵去重複良好的行為——溝通也是同樣的道理。

善於鼓勵人的店長VS愛否定人的店長

阿音和黛佳同在一家連鎖家居店工作，她們都是店長。阿音負責A店，黛佳負責B店。在同城的五家連鎖店中，A店的月銷售量總是排名第一。

每年年底，公司都會進行新一輪的店長評選活動。阿音已連任了五年店長，黛佳只做了一年店長，還做得非常吃力，她擔心公司會降她的職，於是，臨近年底，她虛心向阿音請教管理方法。

阿音把自己的管理筆記拿給黛佳看，黛佳發現阿音的管理方法跟公司提供的一模一樣，沒有什麼特別之處。

黛佳懷疑阿音還藏了一手，但又不便直說，只能打消讓阿音指導自己的念頭。阿音看穿了黛佳的心思，大方地說：「這樣吧，妳跟我說說，週一開店會的時候，妳通常會對店員說什麼？」

黛佳說：「每週開店會時，我都會批評上週沒有認真工作的店員，並提醒他們一定要把貨架整理好，貨品上的灰塵要擦乾淨……反正，就是對他們提出一些要求。」

阿音點頭表示認可。「原來妳把公司的制度記得那麼牢，做得真的很棒，繼續加油啊。」

黛佳聽到鼓勵，說得更起勁了：「對呀，公司的所有制度我都爛熟於心，如果店員違反了規定，比如沒有穿制服，或是名牌戴歪了，我都會嚴厲地批評他們，希望他們能做得更好。妳平時是不是也對店員有這類嚴格的要求？」

阿音沒有急著回答黛佳的問題，她繼續鼓勵黛佳：「都說細節見分曉，妳把細節工作做得那麼到位，提升業績應該不成問題。不過，我還想問妳一些問題，可以嗎？」

黛佳點頭示意阿音發問。阿音說：「妳可以說說顧客購物的時候，如果能提供服務的店員不夠，妳會怎麼為顧客提供服務？」

黛佳聽到這樣的問題，立刻否定道：「妳不該考慮怎樣親自為顧客服務，要知道，妳可是管理人員，這些事情應該由店員來做。如果能提供服務的店員不夠，那問題肯定出在管理上，應該提升店員的服務效率，而不是親自為顧客服務，這才是店長該做的事。」

阿音笑了笑，說：「妳說得有理，各司其職的確非常重要。」

黛佳發現阿音只是在鼓勵自己，卻沒有指出自己的問題。她很清楚，如果管理方式沒問題，B店的月銷售量不可能比A店的低那麼多，畢竟B店處在市區最繁華的地帶，人流量非常大，按理說，這項優勢對提高銷售量是很有幫助的。

所以，黛佳開始反思了，過了一陣子，才喃喃：「我覺得我剛才說的觀點可能也不是百分之百正確的，店長和店員要各司其職，可是，在顧客多的時候，我應該主動去為顧客服務，這樣才不會怠慢顧客，銷售量才會提高。是這樣嗎？」

聽了黛佳的話，阿音立刻說：「我發現妳真的很厲害。妳很善於自我檢討，這是一個了不起的優點。要知道，大多數人只看得到別人身上的問題，卻看不到自己身上存在的問題。今年年底妳肯定不會被降職，B店的下一任店長還是妳。」

黛佳被阿音鼓勵得有點不好意思了，這才說了實話：「其實，我不喜歡親自和顧客溝通，因為我發現顧客不願意接受我的意見。」

阿音饒有興趣地問：「怎麼會呢？妳都能勝任店長的工作，又怎麼會完成不了店員的工作呢？說說看，妳是怎麼為顧客提供服務的呢？」

黛佳說：「為顧客服務的時候，我真的很用心。我會提醒他們，選家居用品要選適合自己的，不要選最貴的，看到顧客亂買東西，我會忍不住給他們提建議，這樣做應該沒錯吧？我是站在顧客的角度思考問題的，可惜大部分顧客不吃這一套。」

阿音說：「我發現，妳非常善於銷售，銷售不是盲目推銷，而是按需求推銷。是的，我們應該站在顧客的角度思考問題，讓他們買他們應該買的東西……」

這一次，阿音的鼓勵還沒有講完，黛佳就忍不住插話了：「妳老是鼓勵我，為什麼不否定我呢？」

阿音笑說：「因為妳有很多值得鼓勵的優點啊。」

黛佳沉默了一會兒，若有所思地說：「我知道我跟妳不一樣的地方在哪兒了，妳喜歡鼓勵人，我卻喜歡否定人，我否定顧客的眼光、否定店員的工作方式，我總看到他們不足的地方，卻很少像妳一樣去鼓勵別人。我們的差別不在管理方式上，而在溝通能力上。」

阿音忍不住為黛佳的悟性拍手叫好。「對呀，妳哪裡需要我來指導？妳比我聰明多了，很快就發現自己的問題。其實作為店長，最重要的職責就是與人溝通，不僅要跟店員溝通，還要跟顧客溝通，能把溝通這項任務完成，工作就成功了一半。」

黛佳補充道：「溝通成功的祕訣在於鼓勵，越鼓勵，才越有希望。」

鼓勵，也是溝通的祕訣

是的，黛佳說得沒錯，鼓勵就是好好溝通的祕訣。

無論你面對的是熟人還是陌生人，想要跟對方好好溝通，就要善用鼓勵。鼓勵你熟悉的人，對方會按照你的期待認真做事，而鼓勵陌生人，能有效促進二人之間的溝通，達到開口就贏的溝通效果。

在鼓勵方面，黛佳的確比阿音差勁。

面對熟悉的店員，阿音會給他們很多鼓勵，比如店員認真整理了貨架，阿音會鼓勵他們繼續加油。

黛佳卻覺得整理貨架是店員的職責，認真整理貨架，只不過是盡自己的本分，沒什麼值得鼓勵的。

面對陌生的顧客，阿音一樣會用鼓勵的方式促進雙方的溝通。比如，帶著孩子的顧客選了一條價格不菲的沙發布，阿音在稱讚顧客有眼光的同時，還會鼓勵對方認真看看說明書，阿音知道讀了說明書後，顧客會發現那條沙發布不耐髒，不適合有小孩的家庭使用。

黛佳則會直接否定顧客的選擇：「你不應該選這條沙發布。它的顏色太淺了，如果你家孩子把果汁灑到上面，會很難清洗。它很貴，又不能機洗，買了它，你一定會後悔。」

阿音懂得利用鼓勵讓店員更用心地工作，並引導顧客選擇合適的商品，黛佳則喜歡用否定的方式指明店員身上的缺點，指出顧客挑選商品時忽略的問題。

遇到問題時，阿音只要動動嘴鼓勵別人就能把問題解決，黛佳則忙前忙後，又是親自為店員做示範，又是親自幫顧客挑選商品，事情卻還是辦不好。

其實，連任了五年的店長，阿音怎麼會不知道店員身上存在哪些毛病呢？她只是不喜歡直接否定店員罷了。

黛佳向阿音求教管理方法，談論到每週開店會的情形時，阿音就知道黛佳的問題出在哪兒了，但她還是願意鼓勵黛佳，而不是否定黛佳。

黛佳牢記公司的規章制度只不過是盡了店長的本分而已，這和店員盡職盡責地整理貨架沒什麼區別，阿音卻認為這一點值得鼓勵。

這和大人鼓勵小孩完成一件簡單的事情是一個道理。孩子會自己吃飯，大人就會鼓勵孩子：「你能自己吃飯了，真棒！」聽了鼓勵的孩子，下一次會更認真吃飯。

你不會覺得大人不應該鼓勵小孩完成一件簡單的事，因為你知道，孩子聽到了鼓勵，會為了得到更多鼓勵去重複良好的行為。為什麼不把這個方法用到與成人的溝通上呢？

其實大多數人做一件正確的事，並展示給你看，不是為了聽你的批評，而是為了得到你的鼓勵。這時候不如順水推舟，用鼓勵帶給對方愉快的心情，讓對方在愉快的情緒下與你溝通，這樣，溝通就會更順暢。

如果實在說不出鼓勵的話，可以試著從臉書按讚開始，鼓勵那些努力健身、努力閱讀的朋友，相信他們得到了你的鼓勵，會更樂於與你交流，也會更認真地重複良好的行為。

第二章

承認自身情緒，
引發他人共鳴

前言

溝通是本書討論的核心。

溝通是什麼？

部分的人可能會把溝通理解為講道理。

隨便打開一本字典，就可以看到溝通的定義——溝通是人們分享資訊、思想和情感的過程。

從定義來看，溝通絕不只是講道理這麼簡單。

道理可以是生硬的，可以是不帶情感的，如果，把溝通簡單看作講道理，可能無法達到交流思想和情感的目的。

一個人的思想是以性格及個人經歷為基礎而產生，而一個人內心的情感又與思想、情緒相關。

如果，溝通時忽略了情緒的存在，只是一味講道理，可能無法很好地向溝通對象傳遞自己的思想與情感。

溝通時，每個人都會產生情緒，不少人為了能夠和他人順暢溝通，會把關注的重點放到對方的情緒上，甚至認為照顧好對方的情緒是高情商的表現，並認為高情商就等同於可以徹底掌控自我情緒。

會有這種想法的人是把情緒當成敵人，甚至把情緒看作洪水猛獸，生怕控制不好個人情緒，在別人面前暴露了壞情緒，自己就會成為他人眼中的怪獸。

其實一個有血有肉的人不可能百分之百掌控自己的情緒，任何人都是有情緒的，你的溝通對象有情緒，你自己也會有情緒。重視情緒，不僅僅要重視對方的，也要承認自己是一個有情緒的人。

承認自己有情緒，才會願意跟自己的情緒相處，進而才能做到與別人的情緒好好相處。接受自己是一個有情緒的人，反而更容易令溝通富有自主性，而不是在溝通中唯唯諾諾地接受別人的思想與情感，成為沒有辦法傳遞個人思想與情感的應聲蟲。

共鳴是溝通的潤滑劑

找話題只是確定了聊天內容，想要讓聊天的氣氛「活」起來，得學會引導他人產生共鳴。

英國人聊天的時候喜歡拿天氣做引子。

大晴天，會感慨：「今天天氣真好啊。」

陰霧天，會抱怨：「天氣真是糟透了！」

英國人喜歡談論天氣，不是因為他們對天氣格外感興趣，這跟我們聊天老用「吃飽了嗎？」做引子一樣，不過是一種聊天習慣而已。

與人攀談，總要找些話題來聊，除了談論天氣和問人家「吃飽了嗎？」，許多人會選擇與他人聊娛樂八卦、體育賽事、社會新聞等大眾普遍願意接受的話題。

以上幾招非常好用，不過有時候，即使找到了溝通對象願意接受的話題，如果不重視情感交流，聊天的氣氛也會變得死氣沉沉，要是恰巧碰到心情不太好，又或者個性沉悶、不喜歡跟人聊天的人，還試圖用前面提到的那幾招打開溝通大門，可能就會變成一問一答的乏味迴圈。

找話題只是確定了聊天內容而已，想要讓聊天的氣氛「活」起來，還是得學會引導他人產生共鳴。

一般而言，引導他人產生共鳴情緒可分為兩種情況：一種為消極共鳴情緒引導，另一種為積極共鳴情緒引導。兩種引導是可以互相轉換的，如果想讓情感交流達到最佳狀態，可以試著將消極共鳴情緒引導轉化為積極共鳴情緒引導。

引導共鳴的第一步，是關注並接受對方的情緒

麥基非常擅長引導他人與自己產生共鳴，且很善於將消極共鳴情緒引導轉化為積極引導。

麥基是健身教練，柯岩是麥基的新學員。柯岩剛辦健身卡的那幾天，情緒不太好，麥基注意到了這一點，在指導他健身的同時，刻意地跟他聊天。

麥基問：「你好像不是很開心。」

柯岩說：「還好。」

麥基說：「感覺你心情很差的樣子。」

柯岩說：「還行，馬馬虎虎。」

麥基說：「看你無精打采的，一點勁兒也沒有，太累的話就先休息一下吧。」

柯岩苦笑了一下，無奈地說：「是啊，上了一天班，已經夠累的了，偏偏還得不到主管的認可，真夠鬱悶的。」

麥基拍了拍柯岩的肩，說：「是啊，受累算不得什麼，怕就怕吃力不討好，這確實令人惱火。」

柯岩嘆了口氣，說：「看來你很理解我此時的心情。」

麥基說：「很多來這兒健身的人都跟你一樣，被工作折磨得喘不過氣來。我也常常會想，要是不用工作就好了，如果有機會放個長假，跟朋友出去玩一玩，心情一定會好很多。」

還沒等柯岩接話，麥基又說：「對了，要是你明天就可以放長假，你會去哪裡放鬆心情呢？」

柯岩說：「要是真的有長假，我肯定立刻跑去海邊度假，曬曬太陽，游個泳，不用想工作上的煩心事，肯定非常痛快。」

麥基笑道：「游泳和室內健身都是運動，運動會讓身體比較累，不過能放鬆心情。不信的話可以試著加大運動量，出一身汗，回家就只想睡覺，根本沒力氣想那些煩心事了。」

柯岩說：「好吧，我試試看。謝謝你，跟你聊天後，心情舒暢多了。」

在聊天的過程中，麥基與柯岩產生了情緒共鳴，正因為如此，柯岩才會對麥基說自己的心事，兩人也才有話可聊。

引導共鳴情緒的第一步，是要關注並接受聊天對象的情緒。

麥基注意到柯岩的情緒不太好，並沒有直接詢問他產生壞情緒的原因。

要與聊天對象產生情緒共鳴，又或者試圖引導對方與自己產生情緒共鳴，應當關注的是「對方的情緒」，而不是引發情緒的事件。

可以看一下麥基對柯岩說的前三句話：

「你好像不是很開心。」

「感覺你心情很差的樣子。」

「看你無精打采的，一點勁兒也沒有，太累的話就先休息一下吧。」

這三句話都是對柯岩情緒狀態的描述，這表示麥基正在關注柯岩的情緒。

當柯岩說出工作上的煩心事使自己不開心時，麥基說：「是啊，受累算不得什麼，怕就怕吃力不討好，這確實令人惱火。」

麥基用這句話表達了自己對柯岩情緒的認同：我已經瞭解令你產生這種情緒的

原因了，你會因此產生壞情緒是理所當然的。

其實，一個人在心情不好的時候，更加希望得到他人的認可，只有情緒被他人接納，才願意跟對方聊下去。

麥基並沒有評價柯岩是對是錯，也沒有評價柯岩的主管是對是錯，因為他不瞭解整件事的具體情況。如果直接評價柯岩是對的，有曲意逢迎的意味，會讓柯岩覺得他很虛偽；如果直接評價柯岩的主管是對的，柯岩的情緒得不到認同，他很可能會拒絕與麥基聊下去。

麥基肯定了柯岩情緒的起因，表示自己理解柯岩因為「吃力不討好」而不開心的那種心情，這是在向柯岩表達自己的情緒共鳴。二人之間產生了共鳴，柯岩感受到來自麥基的情緒關注，在情感上有了交流，聊天氣氛自然「活」了起來。

麥基用關注柯岩情緒的方式引導柯岩說出產生壞心情原因，然後，麥基表達了自己產生的共鳴情緒，到此，僅僅是完成了消極情緒共鳴而已，這麼做是為了幫助柯岩釋放負面情緒。

接下來，麥基開始對柯岩進行積極的情緒引導。

積極情緒引導，是帶領對方暢想美好經驗，幫助對方走出陰影

麥基說：「我也常常會想，要是不用工作就好了，如果有機會放個長假，跟朋友出去玩一玩，心情一定會好很多。」

麥基說這番話是在向柯岩描繪一種美好的經驗，他站在柯岩的角度，推斷對方當下的情緒狀態對應的積極情緒會是怎樣的，進而根據對應的積極情緒引導對方暢想美好經驗，帶對方走出負面情緒的陰影。

麥基在話語中加入了「我也常常會想」這幾個字是為了引導積極情緒共鳴。而後，麥基又鼓勵柯岩加大運動量，並引導他用室內健身替代自己憧憬的游泳，以運動的方式化解壞心情。

最終，柯岩表示跟麥基聊天後，自己心情舒暢多了。

這便是引導他人產生共鳴，並將消極共鳴情緒引導轉化為積極共鳴情緒引導的全部過程。

你學會了嗎？

戒掉「我覺得，你應該……」的說話方式

大多數人聽到與自己意願相悖的建議，如果認為沒有必要聽從，立刻就會產生牴觸情緒。

可以有自己觀點，但不能強迫他人接受

說到情感交流，不少人都認同「承認自身情緒」這點，不過，有些人比較容易陷入「承認自身情緒」的誤區。

森雅以為承認自身情緒等於只關注自身情緒，這便是「承認自身情緒」的一個誤區。

森雅認同溝通不能一味接納別人的思想與情感，她覺得與人溝通時，應當暴露自身情緒，盡可能表達自己的思想和情感，如此，溝通才會更富自主性。

所以，森雅在跟人說話的時候，討論到與對方相關的話題時，她總喜歡用「我覺得，你應該……」的句型。

試想，如果跟你溝通的人老是告訴你，你應該怎麼做，且對方提出的觀點與你的觀點相悖，你會立刻接納對方的建議嗎？

比如，你告訴一個人，你想在週末來一次短途旅行，對方卻對你說：「我覺得，你週末應該待在家。」

你的第一反應是接受這個建議，還是會對此產生懷疑或牴觸？

其實，大多數人聽到與自己意願相悖的建議時，第一反應並不是接受對方的建議，而是思考對方為什麼會提出這樣的建議、對方的建議是否對自己有益。如果認為自己沒有必要聽從對方的建議，立刻就會產生牴觸。

作為獨立的個體，每個人都會有自己的思想和情感，對待任何事物皆會產生自己的看法。思想再相近的兩個人，也僅僅是思想的交集區比較廣而已，不可能出現所有思想完全重疊的狀況。

溝通的時候，你想說出自己的看法，渴望得到對方的認可，甚至希望對方能全盤接受你的觀點，其實，對方也有同樣的想法。

人人都希望溝通充滿自主性，在溝通的過程盡情發表個人觀點，表達自己的思想和情感。如果溝通對象的思想、情感和自己的相悖，就會不由自主地嘗試說服對方，從而實現觀點達成一致的目標，但這種一致觀點是以自己的觀點為基礎，而不

型，務必要戒掉這個毛病，因為用這種方式說話，要達到觀點一致的目的會比較困難。

如果別人對你說了這種話，也不要急著跟對方爭辯，即使你對自己的口才充滿自信，也別這麼做，否則會讓對方產生一種你拒絕接受他的觀點的想法。

在保留自己自主性的同時，請給對方充分發揮自主性的空間，引導對方說出你想要的結果，才能更順暢地在愉快的氛圍中達到觀點一致的目的。

站在他人的立場設想，才能贏得對方的信任

要獲得他人信任，「動之以情」最有效——而站在對方立場思考事情就是在「動之以情」。

站在他人立場想問題

隨著智慧型手機的普及，很多年輕人都為父母輕信網路謠言而感到頭痛不已。很多年輕人都與父母就這個問題進行過嚴肅的溝通，但並沒有什麼效果。

小烏也為同樣的問題感到困擾。

小烏是一名醫學教授，曾經在很多醫學期刊上發表過論文。小烏的父親老烏經常在外吹噓自己的兒子有多麼了不起，可以說，老烏以兒子為傲。

按理說，老烏應該對兒子的話深信不疑，至少在醫學方面理應如此，可實際上，老烏寧可相信網上流傳的醫學謠言，也不信兒子的忠告。

老烏喜歡轉發各種沒有科學根據的養生文章，這種時候，小烏會耐心地跟老烏

說：「那些東西信不得。」

老烏拚命維護自己堅信的謠言，雖然找不到可靠的依據推翻小烏的說法，但很明顯地表現出自己對小烏的不信任。

小烏相信只要曉之以理，就能贏得父親的信任，於是，他耐著性子對老烏解釋那些謠言信不得的原因，可是，小烏失敗了，他說服不了父親遠離那些偽科學，他也不知道問題究竟出在哪兒。

不過，有一個人非常信任小烏，那個人是小烏的妻子芳妮。只要是小烏給出的醫學建議，芳妮必定會執行，芳妮甚至把小烏視為私人營養師、健身教練、養生專家……小烏不知道妻子為什麼如此信任自己。

有一回，小烏想做一個關於信任感的實驗。他故意告訴妻子，某位醫學專家近期發表的言論是錯誤的，實際上，小烏很清楚，那位專家的言論絕對可靠。

為了證明自己的觀點可靠，小烏準備了一大堆說辭，這堆說辭足以說服一個不具備醫學知識的人，比如妻子芳妮。

可是，小烏精心準備的說辭根本就沒有派上用場，因為在他告訴妻子專家的言論不可信時，妻子立馬就相信了他，他根本用不著對妻子講解為什麼專家的言論不可靠。

小烏明白了，信任感是一種很玄妙的東西，它只是一種模糊的感覺。

小烏開始思考妻子無條件信任自己的原因。

小烏發現妻子對自己的信任不僅限於醫學方面，在其他事情，妻子也給予他百分之百的信任。人與人之間的信任肯定不是憑空而來的，小烏認為一定是自己做過些什麼，又或者說了些什麼，才得到了妻子的信任。

回想兩人相處的情形，小烏似乎明白為什麼自己能得到妻子的信任了。

每一次家裡要做重大決定的時候，小烏都會站在妻子的立場發言。

比如，買房時，小烏提議款項由自己出，但戶名是妻子的名字。小烏知道妻子是一個極度缺乏安全感的人，這麼做才能讓她安心。

再比如，妻子失業時，跟小烏商量重新就業的問題，小烏說：「不必著急，錢的事不用擔心，我把薪資交出來，妳想怎麼花就怎麼花，關鍵是要找到適合妳的工作。」

每次兩人溝通的時候，小烏都站在妻子的立場上想問題，所以，他獲得了妻子的信任。想明白這一點，小烏決定不再用曉之以理的方式取得父親的信任，他開始試著站在父親的立場考慮問題。

先動之以情，才有辦法曉之以理

小烏把父親轉發的所有養生文都看了一遍，發現大部分文章的標題中都帶有這樣的字眼：「醫生說……」、「99％的醫生都……」、「醫學專家聲稱……」看來，父親比較信任從醫人員的看法，這不難理解，從醫人員代表了醫學領域的權威，父親信任權威，這點跟大多數人一樣。

可問題是，小烏就是醫學教授，父親為什麼不信小烏的話呢？

小烏決定在信任感建立起來之前，不再跟父親聊醫學、養生相關的話題。他開始關注父親的微信朋友圈，並把之前的微信群解除了屏蔽，那個群組是父親建的，裡面有父親的朋友們。

開始接收群組消息後，小烏發現其實群裡最活躍的人是老烏，就數他轉發的養生文最多。每次，只要老烏發文，都會引來其他人的讚賞。

有人說：「看人家老烏，兒子是醫學教授，就是跟咱們不一樣，瞭解的養生知識可多了。」

還有人說：「別人發的文可以不信，老烏發的一定要信。老烏的兒子是醫學教授，老烏發的肯定都是好東西。」

這回，小烏似乎知道父親為什麼喜歡轉發那些文章了，原來父親享受的是被誇獎的感覺。

仔細一想，小烏越發覺得是這樣沒錯。很多老年人都喜歡轉發養生文，恰巧醫學這塊跟自己相關，父親又老在外炫耀兒子，說到底，父親轉發養生文其實還是為了變相炫耀兒子。

想到這裡，小烏不免有些慚愧，父親為自己感到驕傲，自己卻嫌棄父親無知。父親到了這個年紀關注養生健康知識是合乎常理的，自己身為醫學教授，卻很少跟父親聊養生的話題；父親沒有獲取醫學知識的正規管道，通過網路收到不可靠的訊息時，自己又跳出來指責父親輕信謠言。

經過一番反思後，小烏開始嘗試重新與父親互動，他不再批評父親轉發謠言了，而是找了一些通俗易懂且有科學依據的養生文發給父親看，並鼓勵他：「你可以把這些轉發給叔叔阿姨看，我覺得這篇文章挺好的。」

沒多久，老烏開始主動向小烏討要文章，並把要來的文章發到微信群裡，分享給朋友，還告訴大家：「這可是我兒子發給我的，信他準沒錯。」

又過了一段時間，小烏試著勸父親別再隨意轉發自己看到的養生文，老烏同意了，偶爾看到一些醫學小知識，還會主動問小烏：「兒子，你看這個觀點可不可信？」

小烏知道自己已經獲得老烏的信任了，兩人之間的溝通也因此順暢起來。

這件事讓小烏學會了在溝通中如何獲得對方的信任。

其實，要獲得他人的信任，曉之以理未必受用，動之以情才最有效。

站在對方的立場考慮，就能將交流建立在情感基礎上，才更容易贏得對方的信任。

與其說大道理，不如說小故事

講故事比講道理有用是因為，聽故事和講故事的人處於同等地位。

每個人都會根據自己的際遇總結出一些人生道理。大部分的人喜歡把自己學到的經驗與教訓分享給周圍的人，這本是一件好事，可在現實生活中，好為人師的人往往吃力不討好，非但不能成功把自己的觀點傳達出去，搞不好還會惹人生厭。

想要跟別人分享自己的經驗與教訓，未必需要通過講道理的方式，如果能把道理轉化為故事，效果可能會更好。

講道理和講故事的區別在哪兒呢？

看一看下面的故事，或許你能從中找到答案。

認輸卻跑贏獅子的羚羊

志中開了一家小飯館，但過沒多久，一家頗有檔次的餐廳在志中開的飯館對面開業了。

那家餐廳開業後，憑藉精緻的菜品和優雅的環境吸引了大批顧客，甚至搶走了附近部分餐館的生意，整條街的餐飲都受到了影響，這樣的情形令志中十分擔憂。抱著「知己知彼，百戰不殆」的心態，志中偷偷光顧了那家餐廳。他發現那家餐廳不僅裝潢高檔，菜色也很豐富，食材都很高級，還聘請了一位名廚。

在那家餐廳吃了一頓飯後，志中悶悶不樂，他覺得自己的小飯館不管從哪方面來看都比不過對面的餐廳。

眼見越來越多的顧客選擇了那家餐廳，志中急得像熱鍋上的螞蟻，而越著急，店裡的生意就越糟糕。

為了打敗對面那家餐廳，志中卯足了勁跟對方競爭。他想，你的菜色很精緻，我就要做出比你更精緻的菜；你的食材好，我就要用比你更高級的食材；你的菜單豐富，我就要讓自己菜單更豐富……可事與願違，不管志中怎麼努力，他的飯館就是比不上那家餐廳。

這輪競爭，志中眼看著就要輸了。

志中的老婆春天也想扭轉飯館的生意，但她非常反對志中的做法，她不止一次勸志中：「你不要總跟對面那家餐廳比，他們擅長做精緻菜，我們做不了精緻菜，就做家常菜，把家常菜做好了，生意不一定會輸給他們。」

志中哪聽得進勸告，反駁道：「妳不懂，別瞎出主意。再說，我不信我做不好精緻菜，我非要把那家店比下去不可！」

見志中那麼頑固，春天只能無奈地嘆氣。

其實，除了飯館的事，在其他事情上，志中也很固執。

每次，志中遇到了問題，春天都會提出自己的建議，並耐心跟志中講道理，但志中總是懶得聽，有時候甚至因為不願聽那些大道理，不惜與春天大吵大鬧。

春天不明白，為什麼明明有些道理是顯而易見的，志中卻不肯接受？

就拿這一次來講，春天想告訴志中的道理是，有時候認輸不代表真正的輸，發揮自己的優勢，同樣可以在競爭中獲勝。志中不但不接受這個道理，反而表現得很抵觸，幾乎就要走入死胡同了，即使是這樣，春天依然拿他沒辦法。

一個下雨天，志中的飯館空蕩蕩，生意慘澹到了極點。

沒有顧客，志中一個人坐在角落的桌子旁喝著悶酒。

就在春天準備打烊時，一個人走進了飯館，是志中的朋友宇恒。

宇恒剛進門就發現志中的情緒不太好，店裡生意又如此冷清，猜都猜得到志中為什麼那麼鬱悶。

春天見宇恒來了，生怕他問老公生意上的事，就上前叮囑了幾句，並向他簡單說明了一下店裡的情況，希望他能用委婉的方式說服老公不要執著於和對面的餐廳競爭，宇恒點點頭，隨即坐到了志中對面。

宇恒還沒開口，志中就說：「我知道剛才我老婆跟你說了些什麼，她肯定想讓你勸我，不要跟人家比。你不用勸，我要是連比的勇氣都沒有，會輸得更徹底。」

宇恒笑了，不緊不慢地說：「我不打算勸你什麼，只是想跟你說一個故事。」

非洲草原上生活著羚羊和獅子。

一天，一隻羚羊爸爸帶著兒子在草原上吃草，一頭獅子把牠們當成了獵物，悄悄向牠們靠近。

羚羊爸爸和小羚羊發現那頭獅子時，小羚羊嚇壞了，但牠相信爸爸能保護自己。

結果，羚羊爸爸只是朝小羚羊大吼了一聲：「快跑！」隨後，就帶著小羚羊跑了起來。

羚羊奔跑的速度非常快，獅子在牠們身後窮追不捨，跑了一陣子後，獅子終於體力不支，停了下來，羚羊爸爸帶著小羚羊一直跑到了安全的地方才停下。

雖然成功逃走了，小羚羊卻很不高興，對牠爸爸說：「獅子很兇猛，牠的牙齒很尖利，但是我們有犄角，可以跟牠對抗，說不定我們能贏。」

羚羊爸爸說：「你說得沒錯，說不定我們能贏，但是，為了贏，我們需要冒的風險太大了，這麼做顯然是不值得的，所以，我們應該向牠認輸，然後逃跑。我們的勝利不在於打敗牠，而在於比牠跑得快，跑贏了獅子，也是一種勝利。」

聽了這個故事，志中沒說話，悶著頭喝了一杯酒。

那天晚上，宇恒沒對志中提任何建議，也沒說半句道理，只是陪志中吃飯、聊天。

第二天，志中不再購買什麼高級食材，也不再琢磨什麼精緻菜了，他只是買了一些製作家常菜需要的新鮮菜，並把自己不擅長做的從菜單上刪除了。做完這一切，他耐心地等待顧客上門。

從那天起，志中認真研究家常菜，誠懇地傾聽每一位顧客的意見。

這樣堅持了一陣子，志中的家常菜越做越好，店裡的生意也越來越好。

志中的飯館雖然環境和對面的餐廳還是沒有辦法比，做的也只是普通的小菜，但生意有時候甚至比高檔餐廳還要好。

宇恒再來志中的店裡時，他的飯館已經「起死回生」了。

志中堅持請宇恒好好吃頓飯，宇恒也沒有推辭。

飯桌上，志中誠懇地感謝宇恒。「對面那家餐廳的實力確實很強大，我的飯館差點撐不下去。曾經，我以為用盡全力與它對抗才是生存下來唯一的方法，是你的故事讓我明白了該如何扭轉局勢。現在想想，當初拚命與那家餐廳抗衡的自己，真是太傻了。」

春天聽志中這麼說，忍不住插嘴：「是啊，那時候你真的挺傻的。那家餐廳聘雇的廚師是專門做精緻菜的大廚，你怎麼跟人家比？再說，那家店至少有二十個員工，我們的店，加上你和我，總共五個人，我們菜單上的菜不可能比他們的還多，跟他們比誰的菜更精緻、誰的菜單更豐富，我們鐵定輸……」

春天還想再說，卻被志中打斷了，他很不耐煩地擺擺手，道：「行了，快別再講妳的大道理了，我不用妳教我怎麼做，我知道我自己該怎麼做。」

春天故作無奈地笑了笑，說：「同樣的道理，我說的，你就是不聽。經過這件事，我也反思過了，我想，你不是不願意聽道理，你是不喜歡我說教的口氣和批評你的態度吧。」

宇恒和志中同時給春天豎起了大拇指，異口同聲地表示：「妳說得對！」

如果你還不明白為什麼講故事比講大道理更容易讓人接受，再看看下面的例子吧。

故事不會有上對下的階級感，讓聽和講的人處於同等地位

假如你想勸別人，走路的時候不要玩手機，直接告訴對方「走路玩手機很危險」，對方可能體會不到這麼做究竟有多危險。

如果你告訴對方：「有一次，我看到一個人邊走路邊玩手機，沒有注意到前方的下水道蓋子沒有蓋，就掉進去，腿都摔斷了。」對方就能從這個故事認知到邊走路邊玩手機的危險性。

之所以講故事比講道理有用，是因為講故事時，聽故事和講故事的人處於同等地位，當兩個人處於同等地位，溝通便會更順暢。

講故事的人敘述故事，故事情節的變化很容易讓聽的人產生代入感，如此，聽故事的人會很自然地體悟故事中隱藏的道理。

不管如何，**自己悟出的道理一定比聽來的道理更深刻**。

說點悲慘事，給予他人安慰你的滿足感

給予他人「手留餘香」的機會，讓對方因為從你身上獲得了被需要的滿足感，而喜歡上與你聊天的感覺。

予人玫瑰，手留餘香

有句俗話是這樣說的：「家醜不可外揚。」相信不少人都認同這個說法，所以，人們總喜歡把好的一面展示給別人看，與人溝通的時候很少聊到自己的悲慘事。

想一想，你是否也如此？

你認真經營自己的社交圈，跟人聊天的時候，即使不刻意炫耀個人優勢，也肯定會避開生活中的不如意，至少，你不會輕易對別人提及自己遭遇過的不幸經歷。

你擔心把悲慘事說給別人聽，會向他人傳遞負能量，而且，你很清楚，自己的麻煩得自己解決，對別人訴說，意義不大。

你覺得獨自承擔痛苦是成熟的表現。

你的想法沒錯。

不過，持有以上觀點的你也可以試想一下，如果某天，你身邊那個一直能為你帶來正能量的朋友，突然向你提及了自己的傷心事，你會有怎樣的感受呢？

你會怪對方傳遞了負能量給你嗎？又或者你會因為自己被對方需要而感到滿足？

不必急著回答這個問題，先想一想，你是否曾經在生活中體驗過「予人玫瑰，手留餘香」的感覺？

能夠對別人提供幫助，意味著自己對別人來說是一個有用的、被需要的人，這的確很容易讓人產生滿足感。

溝通也是一樣，給他人一個「手留餘香」的機會，會讓對方因為從你身上獲得了滿足感而喜歡上與你聊天的感覺。

要適時給予別人安慰自己的機會

卉子是朋友中的「知心熱線」，她善解人意，總能用聊天的方式幫心情不好的朋友舒緩情緒、釋放壓力。

卉子喜歡安慰別人，因為成功地安慰別人讓卉子很有滿足感。

大家也喜歡和卉子聊天，但沒有人把卉子當「垃圾桶」對待，因為，卉子在聊天的時候，也會聊到自己的傷心事。

其實，以前卉子也不喜歡跟別人講自己不如意的事，但發生了一件事，改變了卉子的想法。

那天，卉子的好友希彥約卉子吃飯。

吃飯的時候，卉子看出希彥的情緒不是很高，於是主動詢問希彥不開心的原因。

希彥嘆了口氣，說：「別提了，我最近都快被婆婆搞得抑鬱了。自從她住到我們家，我們倆之間矛盾不斷，我快受不了了。」

卉子趕緊開啟了「知心熱線」模式，耐心地安慰道：「兩代人同住一屋難免會有矛盾，別放在心上就好了。」

希彥繼續訴苦：「我當然知道這個道理，可問題在於我老公和她也是兩代人，為什麼她忍得了我老公懶，忍不了我懶，忍得了我老公貪玩，卻忍不了我貪玩？」

卉子笑笑道：「這有什麼好氣的？她忍得了妳老公的缺點，是因為她是妳老公的媽，她忍不了妳的缺點，是因為她不是妳媽，妳幹嘛要求不是妳媽媽的人拿妳當親女兒對待呢？換言之，如果妳打心底把她當親媽對待，妳才不會計較她怪妳什麼呢！妳媽也經常說妳，妳也沒生氣呀。」

聽了這番話，希彥心裡好受多了，點頭道：「倒也是。」

接下來，希彥又向卉子抱怨了一大堆婆媳之間的瑣事，卉子耐心替她化解了所有怨氣。

沒想到，開導完希彥後，希彥忽然說：「我發現妳什麼都比我好，婆媳關係處理得也比我好多了，有時候真覺得自己跟妳比，簡直差勁透頂。」

卉子沒想到希彥會產生這種想法，希彥的這番話讓卉子明顯感受到兩人之間的距離無形中被拉開了。

卉子是真心把希彥當朋友的，她不對希彥說自己的煩心事，並不是想讓希彥覺得自己樣樣都比她好，而是不想給希彥傳遞負能量，不想讓她為自己擔心。

當時，卉子一心想消除希彥心中的隔閡，於是，立刻對希彥說了一些煩心事。「其實，我和婆婆的關係也一般。自從婆婆住進家裡，我再沒睡過懶覺，週末也得早上八點起床。有時候想跟老公出去吃頓飯，婆婆說我們太敗家，非讓我們回家吃；每次我逛完街回家都跟做賊似的，生怕婆婆檢查購物袋，她看到我買的化妝品或衣服，肯定責備我亂花錢，也挺糟心的。」

聽到卉子這麼說，希彥很驚訝。「妳以前從來不跟我說這些，我還以為妳和婆婆相處得很好，原來家家都有本難唸的經。」

話都說到這裡了，卉子也不怕希彥笑，繼續抱怨，說了一大堆婆媳之間的問題。

這回，換希彥反過來安慰卉子了。「妳剛才不是跟我說婆婆本就不是親媽嗎？道理妳都懂，為啥指望她包容妳的缺點呢？妳家孩子半夜哭鬧，吵到妳睡覺，妳不會嫌棄自己孩子，還會起來看看孩子是餓了還是尿了；別人家的孩子半夜哭鬧吵到妳，妳會不會嫌人家孩子太煩？都是一個道理。別想那麼多了，起碼妳婆婆還給妳培養了一個不錯的老公，不是嗎？」

希彥安慰了卉子，卉子覺得很溫暖。與此同時，卉子發現希彥的臉上露出滿足的笑容。

就是這件事讓卉子學會了在充當他人「知心熱線」的時候，偶爾也說說自己的悲慘事，給對方一個安慰自己的機會，因為卉子希望別人也能在跟自己聊天的時候，體會到安慰他人的滿足感。

由此可知，我們大可不必過分擔心和別人聊一聊悲慘事會傳遞負能量。

假如，別人請你到他家作客，你把對方準備的飯菜都吃光了，人家會嫌棄你吃得太多，而因此感到不高興嗎？

或者，朋友遇到了麻煩，第一時間想到找你尋求意見，你會覺得很煩，嫌棄對方打擾到你了嗎？

又或者，你陪同孩子看動畫，電視裡出現了怪獸，小孩受到驚嚇，鑽到你懷裡尋求保護，你會嫌這個孩子太煩人嗎？

和別人聊一聊自己的悲慘事跟吃完人家為你準備的飯菜一樣，跟遇到麻煩向朋友徵求意見一樣，也跟害怕時向他人尋求保護一樣，只要做得不過度，就能讓對方獲得「被需要」的滿足感。

事實上，大多數的人都很享受被需要的感覺，因為被需要才能展現個人價值。在與人溝通的時候，適當向別人透露自己不如意的事，給對方一個安慰你的機會，對方會因為被你需要而獲得滿足感。

保留自己的特質，說自己想說的話

看到大家穿黑衣服，便也選擇穿黑衣服，這麼做不是融入群體，而是被群體融化。

莫陌是個很有個性的女生，但她擔心自己不夠合群，為了不被別人當成怪人，她想到了一個辦法：用放棄自我的方式融入群體。

比如，莫陌剛到大城市時，外地口音很重，跟人說話的時候，她會很努力隱藏口音，有時候遇到同鄉，被人聽出口音，她就會覺得很尷尬。

莫陌認為要融入大城市，就要放棄鄉音；儘管講話帶鄉音不是什麼缺點，但也算不上優點。所以，莫陌覺得放棄了這個特點也無所謂。

除此之外，莫陌在聊天的時候，也會刻意放棄自己與眾不同的觀點。因為一直堅持這麼做，莫陌顯得比較合群，所以，莫陌認為放棄自我是正確的。

直到小妖出現，莫陌才開始質疑這種做法。

要合群，但也要當個性鮮明的「紅衣人」

莫陌是在一次野外燒烤活動中認識小妖的。

小妖來自一個小城市，她的國語挺標準的，不過有時候小妖會故意用鄉音自嘲：「你們不要欺負來自小城市的妹子啊，我可是個村姑，什麼都不懂，你們要好好照顧我。」

小妖這番自嘲讓聚會的氣氛瞬間熱烈起來，大家開始用鄉音開玩笑，並紛紛說起剛到大城市時遭遇的糗事。

莫陌沒有辦法融入他們，因為她曾經為了得到大家的認同，謊稱自己就是當地人。

後來，大家討論了好幾個話題，莫陌有很多與眾不同的想法，不過，她習慣性地選擇放棄自己的觀點。可是在幾輪討論中，小妖都說出了自己獨到的見解。

那次聚會結束後，不少人稱讚小妖是一個有個性的女生，當然也有幾個人說小妖太過標新立異，這幾個人對小妖的印象不是很好。

莫陌向小妖要了微信號，因為她也被小妖的特立獨行吸引了，她覺得自己跟小妖很像，很多事都想到一塊兒去了。

那天晚上，莫陌問小妖：「妳不怕堅持自己的想法會得不到別人的認同嗎？」

小妖說：「放棄自我可能會得到更多人的認同，可是，我不願意這麼做。因為我的經驗告訴我，不輕易放棄自我，其實更容易獲得認同。」

莫陌好奇地問：「此話怎講？」

小妖說：「妳看電視劇的時候，會記住個性鮮明的角色，還是普普通通的路人呢？一大群人從妳面前走過，大家都穿黑色衣服，只有一個人穿了紅衣服，妳會記住穿黑衣服的那群人，還是穿紅衣服的那一個呢？」

莫陌明白小妖的意思了：保留自我才會被人記住。她又問：「被人記住，不代表被人認同啊。歷史上有那麼多臭名昭著的惡人，他們也因為獨特的性格被人記住了，但他們並不會得到大家的認同。」

小妖說：「個性鮮明並不是要成為惡人。妳喜歡成為什麼樣的人，就成為什麼樣的人，只要妳能保證自己不做惡人就好啦。跟人聊天的時候，妳喜歡講什麼話就講什麼話，只要妳的言行不是刻意傷害別人，不是故意跟人抬槓，保留自我又有什麼問題？如果妳因為保留自我得不到某人的認同，那表示妳跟對方根本就不是一路人，不是一路人，需要人家認同妳幹嘛？」

小妖的這番話得到了莫陌的認同。

從那以後，莫陌在跟人聊天時，就不再放棄自我了，她說自己想說的話，在保證不會傷害他人的同時保留了自己的意見，這麼做之後，莫陌發現自己並沒有因此得不到別人的認同，反而獲得了更多的認同。

如果你也跟以前的莫陌一樣，想用放棄自我的方式融入群體，勸你最好不要這麼做。因為如果你看到一大群人都穿黑衣服，便也選擇穿黑衣服，這麼做不是融入群體，而是被群體融化掉。

當你放棄自我，成為跟大多數人一模一樣的人、講大家都會講的話，你得到的認同不屬於你，而是屬於你所處的群體。

反之，如果你渴望獲得真正屬於你的認同，就保留自己的特質，說自己想說的話吧！只要你確定自己這麼做的目的不是傷害他人就好。

傳遞情感，比贈送任何物質更重要

與其做行動上的巨人，不如做言語上的巨人。

前文中提到過溝通的定義——溝通是人們分享資訊、思想和情感的過程。如果要劃出該定義的關鍵字眼，「情感」二字應當是重中之重。

很多人認為對人好就要落到實處，要做行動上的巨人，而不是言語上的巨人，真的是這樣嗎？

送一樣的禮物和發內容不同短訊，孰輕孰重？

阿琥就是一個注重實際的行動派，每逢佳節，他都會給長輩送禮。有多少長輩他就備多少份禮，禮物都是一樣的，以免長輩們因禮物的價格和種類不同而多心。

阿琥的表弟小能幾乎不給長輩送禮，但每逢佳節，他都給長輩發送祝福短訊。

有一年春節，家人聚會，阿琥發現大家對小能分外熱情，誇小能是個有心人，過節的時候，會把長輩放在心上，而不是只顧著自己外出旅行、吃喝玩樂。

眾人誇完小能，才想到阿琥，誇阿琥的話只有寥寥幾句，有點敷衍的意味。阿琥不喜歡與人攀比，但受到這種待遇，心裡多少有點失落。

是啊，如果你是阿琥大抵也會不高興，畢竟阿琥在大家身上花了錢，小能只不過給他們發了幾條祝福短訊而已，可為什麼大家更容易記住小能的好呢？

後來，阿琥對朋友說起這件事，朋友說：「雖然過節的時候，你用禮物向大家表達了心意，但你買的禮物都是一樣的，給人的感覺有點敷衍，好像隨便批發一堆東西，分發給大家，打發長輩就了事了。小能發了祝福短訊給他們，效果自然比你送禮更好。」

阿琥說：「禮物都是我認真挑選的，可不是隨便批發的，選同樣的禮物，是不想長輩因禮物價格不同而多心。」

朋友說：「你考慮得很周到，可是長輩們在乎的是你有沒有把他們放在心上，而不是能得到什麼樣的禮物。你寄出了禮物，卻什麼也沒對他們說，雙方在情感上沒有交流，自然不能怪他們對你的禮物無感了。」

阿琥還是不服氣，又說：「編輯一條短訊有多難？那些祝福短訊隨隨便便就能從網上找到，群發就好了，我也做得到。」

朋友趕緊搖頭，勸道：「你最好不要這麼做，群發短訊和贈送一模一樣的禮物沒什麼區別。我猜小能給長輩發的短訊肯定是自己寫的，且每一條短訊還帶上了長輩的稱呼，留下了自己的名字，根據不同的長輩，選擇了不同的祝福語，這才能稱之為情感交流，親人之間需要的正是情感交流。」

阿琥這才理解了朋友的意思，形式不重要，重要的是傳遞情誼時是否明確表達了自己的情感。

之後，阿琥依舊會買同樣的禮物贈送給不同的長輩，但寄出禮物之前，他會給每一位長輩寫張卡片，用言語傳達自己的情感。

如果你也跟阿琥一樣，是注重實際的行動派，請不要因為過分重視行動而忽略了情感交流。不想做行動上的巨人、言語上的矮子，你可以選擇兼顧行動與言語，用言語傳達自己的情感，跟他人情感交流，給對方情感上的支持，讓溝通變得更富感情。

第三章

潛台詞表達法，使溝通更有效

前言

俗話說，鑼鼓聽音，說話聽聲。這句俗語是告訴我們，聽人說話的時候要注意弦外之音。

弦外之音，也就是潛台詞。當一個人談到羞於啟齒的事情，就會利用潛台詞表達內心的想法。

比如，很多人不善於拒絕他人，在拒絕別人的時候，就會使用潛台詞表達拒絕。

當你求人辦事時，如果對方的答覆是「這事我做不了主」，又或者「再說吧，我心裡也沒譜」之類的推脫之詞，想必你心裡就有數了——對方拒絕了自己。

如果從邏輯角度分析這類答覆，可以將其理解為對方接受了請求，只是在提供幫助的時候可能會遇到阻礙，只要自己有耐心等待對方克服阻礙，就可以贏得對方的幫助。

可是誰又會從邏輯角度出發去理解他人的潛台詞呢？

既然大多數人都可以詮釋潛台詞背後的含義，這表示潛台詞在溝通中的確可以發揮效果。

不過，太多人只在意如何聽懂他人的弦外之音，卻不太善於用潛台詞來表達自己的想法。

其實，想提高溝通效率，不僅要學會讀懂他人的潛台詞，還要善用潛台詞表達自我。

「我相信你」是最打動人心的四字箴言

無條件給予的認可，是對對方本體的認可。這種認可不需要任何條件支撐，認同感不會被附加條件削弱。

如果世上真存在溝通法則，有四個字一定會被列入其中，那就是：我相信你。單獨看「我相信你」這幾個字，你可能會覺得它們沒有什麼含金量。大部分的人覺得與人交流，應當邏輯嚴密、情感飽滿，盡可能用或華麗或熱烈的言辭表達自我觀點，「我相信你」好像跟華麗、熱烈沾不上邊。

而事實上，善用「我相信你」這四個字的人，特別容易獲得他人的信任。

有條件的信任和無條件的信任，哪個最打動人？

恒蘇認為溝通應該化繁為簡，他喜歡用「我相信你」四個字向別人傳遞內心感受。

小綠有個很有錢的男朋友，對方比小綠大十二歲，兩人在一起後，周遭出現了各種流言蜚語，小綠常常為此感到苦惱。

去年春節，小綠把男朋友帶回家見父母，她沒想到連父母都以為她是為了錢跟男友交往的。

小綠很生氣，春節假期還沒結束，就讓男友帶自己出去旅行了，而原本，她是想在家裡度過整個假期的。

出發前，小綠在朋友群裡發了一大堆牢騷。那個朋友群裡的成員都是小綠從小到大的朋友，有著將近二十年的友誼。

琳達說：「妳月收入那麼高，根本不可能為了錢出賣感情，別管別人怎麼說，開心點。」

阿虎說：「十二歲的年齡差又不是很大，長輩們的思想就是太保守了，慢慢跟他們解釋就是。」

里里說：「妳男朋友超有魅力，身材又好，一點也不顯老，那些說妳是為了錢跟他在一起的人，其實是嫉妒妳。所以，好好去玩吧。」

恒蘇說：「小綠，我相信妳。」

恒蘇的這句「我相信妳」讓小綠瞬間紅了眼眶，她覺得恒蘇是最理解自己的人。

為什麼同樣都是在安慰小綠，卻只有恆蘇的「我相信妳」讓小綠如此感動呢？

我們來試著分析一下琳達、阿虎、里里的留言。

琳達說小綠月收入高，所以小綠不是為了錢才和男友在一起的；阿虎說十二歲的年齡差不是很大，長輩們思想保守，所以才無法理解小綠；里里說小綠的男友有魅力，身材好，不顯老，說是非的人是在嫉妒小綠。

月收入高、年齡差距不大、男友有魅力，這些都是琳達、阿虎、里里相信小綠的條件，他們與小綠之間的互動是一種條件式互動，他們對小綠的信任是建立在某種條件上的。

而恆蘇只說了一句「我相信妳」，他與小綠之間的互動構成了「無條件式互動」，也就是說，即使不存在任何條件，他仍然選擇相信小綠。

恆蘇給予了小綠無條件的信任，所以，他當然更容易得到小綠的信任。「我相信你」四個字可以創造出一種無條件式互動，而這種無條件式互動顯然比條件式互動更易打動人。

如果以上例子還無法讓你感受到無條件式互動的魅力，你可以試著把自己代入下面這個故事中。

試想一下，假如此刻妳失業了，卻意外被戀人的求婚，對方用以下四句話向妳求婚——

一、沒工作不要緊，妳長得那麼好看，就算妳什麼也沒有，我還是想和妳結婚。

二、妳學歷那麼高，失業了還可以再就業，我們結婚吧。

三、別著急，妳不是還有一大筆積蓄嗎？沒工作，開個小店也行。我想立刻與妳結婚。

四、請跟我結婚，妳是我唯一認定的結婚對象。

以上四句話，哪一句話最容易打動你？

我想大部分的人都會選擇最後一句，最後一句話的魔力就在於，它遵循了無條件式溝通法則。

前三句話可以起到安慰失業者的作用，只有最後一句話表達的是「想結婚的願望不需要任何條件支撐」。

再看一個例子，可能你會更容易理解無條件式互動的精妙之處。

假如，因為一次失敗，你在某方面的能力受到他人的質疑，而你也因此感到懊惱。你把整件事的前因後果講給了四個朋友聽，這四個朋友分別是甲、乙、丙、丁。

甲說：「誰都會失敗，一次失敗也證明不了什麼。」

乙說：「別想啦，這只是一件小事而已，好好做事，下一次就不會出現這種狀況。」

丙說：「走！我請你吃大餐，開心點！」

丁說：「不管別人怎樣，我相信你。」

誰的話更能撫平你內心的創傷？

想必這一次，你還是會選無條件信任你的丁。究其原因，也是因為丁的話表達了無條件的信任。

要迅速獲得對方的信賴，最好的辦法是無條件式互動

為什麼無條件式互動如此容易打動人呢？

祕密就在於，無條件式互動傳遞的認可與理解比條件式互動傳遞的更為強烈。

在生活中，每個人都期待得到認可，這種訴求可能會在顯意識中表現出來，又或者僅存在於潛意識中。

人們總是努力用行動獲取他人的認可，也努力尋找認同自己、理解自己的同伴。

而在尋求認可之前，每個人都會對自己產生自我評價，自我評價來自於對自身的客觀認識。

有些人的自我評價比較低，有些人的自我評價相對高一些。無論是自我評價低的人，還是自我評價高的人，他們做出的自我評價，最終結論始終是「自己」，所以，**人們想獲得的認可重點不在於認可本身，而在於自我**。

無條件式互動給予的認可，是對對方本體的認可。這種認可不需要任何條件支撐，認同感不會被附加條件削弱。反之，條件式互動傳遞的認可是需要條件支撐的，表達的認同感不夠強烈，因為附加條件會削弱認同感。

雖然條件式互動也能表達理解與認同，也能起到勸勉鼓勵的效果，但要迅速獲得對方的信賴，最好的辦法是無條件式互動，用無條件式互動傳達你的認可與理解，對方才能更直接、更強烈地感受到你的認可與理解。

說服一個人最佳的方法，是說服他的潛意識

在潛意識面前，理性會變得不堪一擊，所以，要根本解決問題，得從潛意識著手。

幾乎每個人都會有這樣的經歷：覺得自己的行為不受大腦控制。我們在面對一些事時，明知道自己應該怎麼做，或者不該怎麼做，意識卻受另一種力量擺佈，好像身體裡住了另一個自己，例如——

失戀時，你知道自己應該停止想念前任，但與前任有關的一切卻頻繁地出現在你腦海，成了揮之不去的影子，不管你怎麼努力，就是無法抹掉這個人在心裡的痕跡。

放長假之前，你知道自己有一堆工作要完成，只有完成這些工作，才能全心全意享受假期，可是，你就是靜不下心來做事，人還沒放假，心已經放假了。

向某個朋友請教某事，聽了對方的意見，你發現那些意見漏洞百出，不值得依賴，但這位朋友是你最重要的朋友，且曾經提出各種可靠的意見，所以你仍然選擇

相信他，最後因此吃了虧。

發生類似的事件時，你會埋怨自己，你認為自己已經明確意識到正確的行事方法，卻沒有按意識中的計畫行事，全怪自己意志力太薄弱。

其實，意志力之所以會不受意識控制，是因為潛意識在干擾它——控制意識的那股力量叫作潛意識。

在潛意識面前，理性會變得不堪一擊。認識到潛意識的力量，你會發現從意識角度出發解決問題是治標不治本，要徹底解決問題，還得從潛意識下手。

消除潛意識裡的否定，才能迎來成功

就拿溝通來講，如果交流僅停留在意識層面，恐怕無論溝通氛圍多麼和諧，溝通效果仍無法達到最理想的狀態。

舉例來說，羅辰身高一百七十五公分，體重九十公斤，健康因肥胖受到了威脅，醫生建議他減肥。

小傑是羅辰的朋友，他看到羅辰家裡存放很多高熱量高脂肪零食，不由得為羅

先讀心，後說話

先讀心，後說話，才能有效地用言語直擊一個人的潛意識，並征服它。

認真傾聽，是看穿潛意識最簡單、最直接的方法

前文提到，說服一個人的最佳方法，是繞過他的意識，直接去說服他的潛意識。而要說服一個人的潛意識，首先得看透他的潛意識。

什麼是潛意識？

潛意識是心理學術語，指的是人類心理活動中不能認知或沒有認知到的部分，是已經發生但並未達到意識狀態的心理活動過程。

從潛意識的定義可以看出，產生潛意識的個體無法對自身產生的潛意識有清晰的認識。那麼，一個人連自己的潛意識都看不透，是否就更無法讀懂別人的潛意識了？其實不然。因為潛意識和意識並非完全互不相干，很多時候潛意識極容易化為

顯意識。

比如，在日常生活中，人們會因為疏忽而說錯了話，那些話被稱為「口誤」。口誤的產生與潛意識有關，著名的心理學家佛洛伊德就認為口誤非常有研究價值，因為口誤並非隨機生成，口誤往往是一個人在放鬆戒備時，內心真實想法的反映和寫照。

口誤就是潛意識化為顯意識的一種形式。

當一個人處於精神高度集中的狀態時，他會按照個人意識表達自我，這種時候精神稍有鬆懈，就很有可能產生口誤，說出自己原本不打算講的話。

大多數心理學者在與人溝通時，也喜歡營造一種舒適的氛圍，讓溝通對象產生安逸輕鬆感，有了這樣的感受，溝通對象會比較容易放鬆戒備，誠實地表達自己的想法。可見，氣氛、情緒狀態能促使潛意識化為顯意識。

也就是說，潛意識並非深不可測。

看穿潛意識最簡單、最直接的方法就是認真傾聽。做到先讀心，後說話，才能更有效地用言語直擊一個人的潛意識，並征服它。

「聽」出真正的心聲，給對建議

小谷跟阿關吵架了。

小谷氣呼呼地跑到酒吧買醉，並拉上了閨密淺淺和瑪莉。

小谷說：「這次我非跟他分手不可！」

淺淺急問：「阿關又惹妳生氣了？想分就分，別怕，分了再找就是！」

瑪莉什麼也沒說，只是輕輕拍了拍小谷的背，以示安慰。

小谷緩了緩，繼續說：「今天我跟他談結婚的事，他說現在還不是時候，就算我不跟他分手，他也遲早會跟我分手的。」

淺淺說：「我跟妳說，分手這種事一定要先下手為強。」

淺淺的火上澆油讓小谷的情緒更激動了，她說：「媽，妳放心，我這回肯定跟他分！」

淺淺先是一愣，然後哈哈大笑。「妳叫我啥？氣糊塗了吧，哈哈哈！」

這麼一鬧，小谷的心情似乎好了點，也笑了起來。「是啊，是氣糊塗了。算了，不提這些不開心的事。下週我要去海邊旅行，妳們倆誰幫我訂個酒店？我不會網上訂酒店。」

淺淺立刻掏出手機，熱心地幫小谷訂酒店。

瑪莉也一樣。

很快，淺淺就選好酒店了，還把房間的照片拿給小谷看。

小谷看了看，皺著眉，沒說話。

這時候，瑪莉也選好了房，把手機遞給小谷，讓她看照片，小谷很滿意地說：「就這間吧，謝謝妳，回頭我把錢轉給妳。」

淺淺瞥了一眼瑪莉的手機，說：「小谷要跟阿關分手了，下週出去旅行，妳幫她訂雙人房，一個人住不是浪費了嗎？我訂的可是單人房，很划算的。」

小谷尷尬地笑了笑。

瑪莉這才開口道：「如果妳想問阿關有什麼打算，可以藉著旅行的機會和他談談。你們倆也可以一起規劃一下未來，把想法好好說給妳媽媽聽。」

小谷連連點頭，語氣感激地對瑪莉說：「知道啦，謝謝妳了。」

淺淺說：「什麼？原來妳打算跟阿關一起去旅行？那就是不想分手？」

小谷沒回話，只是忽然從包裡拿出一支護手霜，對淺淺說：「這個很好用，妳要不要試試看？從這裡出去左拐就有一家店賣這個護手霜，我們去看看吧。」

淺淺覺得小谷莫名其妙，剛剛還在講分手的事，忽然又聊起護手霜。她拒絕道：「不用了，我還有好幾支護手霜沒用完呢。」

話講到這裡，也聊不下去了。

瑪莉打了個電話給阿關，讓阿關來酒吧接小谷。

事情到這裡就結束了。小谷會不會跟阿關和好如初，那是後話，在這段對話中，瑪莉的表現值得讚賞。

小谷心情不好，找瑪莉和淺淺傾訴煩惱，她渴望得到安慰。雖然淺淺的話很多，但與淺淺相比，瑪莉為數不多的幾句話才真正給小谷帶來了安慰。

淺淺聽到小谷說要跟阿關分手，力挺小谷，發言過急，不但幫不上忙，反而激化了小谷的情緒。

瑪莉卻恰恰相反，聽小谷說要分手，並沒有急著發表個人意見，直到幫小谷訂了酒店，才給小谷提供了一些建議：「如果妳想問阿關有什麼打算，可以藉著旅行的機會和他談談。你們倆也可以一起規劃一下未來，把想法好好說給妳媽媽聽。」

得到這樣的建議，小谷內心瞬間產生了感激之情，這是因為瑪莉的建議正合小谷的意。

在先前的談話過程中，小谷並沒有提到媽媽的想法，也沒有說過自己想知道阿關有什麼打算，瑪莉的建議裡卻提到問問阿關的打算以及跟媽媽聊一聊，這種「無端」產生的建議怎麼會迅速得到了小谷的信賴呢？

其實，瑪莉的建議並非憑空生成。

我們可以認真分析一下小谷的話，便會發現瑪莉的建議是有根據的。

小谷一開始說：「這次我非跟他分手不可！」這句話暴露了小谷當下的意識，即要分手。這句話裡包含了「這次」兩個字，這兩個字表示分手的念頭不是初次產生。

既然小谷以前就有過分手的念頭，卻沒有執行，就表示在分手這件事上她是猶豫的。而話語中的「非……不可」又代表了小谷的決心，過去猶豫，現在堅決，很可能分手這個決定是衝動做下的。

淺淺力挺小谷，支持她分手，是因為她並沒有經過以上的分析，沒有注意到小谷話中的關鍵，否則不會輕易支持一個衝動的決定。

小谷談到分手理由的時候說：「今天我跟他談結婚的事，他說現在還不是時候。」認真分析這句話，不難發現，如果她真有意跟阿關分手，就不會談結婚的事，即使小谷因為阿關不能立即結婚而產生了分手的念頭，若這個念頭很堅決，就不會有任何附加條件能改變了。

但說完分手理由後，小谷又說：「就算我不跟他分手，他也遲早會跟我分手的。」這句話的意思是，只要阿關不提出分手，小谷肯定不會想要分手。

從這些話中可以解讀出小谷的潛意識，她並不是想分手，而是想要得到一種情感保障，她想確保自己不會被阿關辜負。

衝動的分手決定得到了淺淺的支持後，小谷情緒很激動，出現了口誤，她說：「媽，妳放心，我這回肯定跟他分！」

淺淺因口誤鬧出的笑話大笑起來，她顯然知道口誤肯定不是小谷的意識表達，只是她沒有認真去解讀口誤的含意，所以對於這個口誤僅僅是一笑而過。

瑪莉一直在認真聽小谷講話，她解讀了這個口誤——小谷忽然叫淺淺「媽」，絕不是因為一時糊塗，可能是潛意識以為自己正在跟媽媽談話，而這個「媽」字後面跟的是一句「妳放心」，表明小谷做出分手的這個決定很可能是在順應媽媽的指示。

淺淺勸小谷跟阿關分手，這種勸說可能小谷媽媽已重複了很多遍，小谷聽到這類勸說，下意識聯想到媽媽，才出現了那樣的口誤。

瑪莉認真地傾聽小谷說的話，讀懂了她的心，才做出了訂雙人房的決定，並提供了建議。這些都是小谷真正需要的。

最後，瑪莉打電話給阿關，讓阿關來接小谷，也是因為她知道小谷已經傾訴完煩惱，且不想再聊自己跟阿關的事情，這時候當然該散會了。

若問她是怎樣知道是時候讓阿關來接小谷了的，答案仍然與認真傾聽有關。小谷忽然從分手的事聊到護手霜，還指出賣護手霜的店離酒吧不遠，建議大家一起去看看，話題跳轉得很突兀，明顯是因為她認為上一個話題可以到此為止了，建議一起看護手霜，這意思就更明顯不過——她想離開。

這次的溝通，瑪莉的話很少，但發言很有效，淺淺的話很多，卻沒有起到實際作用，說到底還是因為瑪莉懂得「先讀心，後說話」的道理。她成功繞過了小谷的意識，直接從小谷的潛意識上找到了問題的根源，並為小谷提供了有價值的建議。

學會傾聽，才能與人聊得開

真正的傾聽是把他人的話聽進心裡，感同身受地去理解。

「話題終結者」的問題所在

冷杉有個外號叫「話題終結者」，因為他不管跟誰聊天，說的話總叫人無言以對、無話可回，就這麼把話給聊死了。

冷杉覺得自己的問題出在不會講話上，真的是這樣嗎？

下面列出三段冷杉與三位朋友的對話，你可以試著幫他找一下成為「話題終結者」的原因。

兆輝被老闆大罵了一通。

兆輝對冷杉說：「昨天本來下午六點就該下班了，老闆讓我整理貨架，結果搞到深夜一點多才回家。」

冷杉說：「是嗎？」

兆輝說：「是啊。整整加班了七個小時，等於多上了一輪班。今天早上遲到了，結果老闆居然把我臭罵了一頓。」

冷杉又說了一遍：「是嗎？」

這時，兆輝已經有點無話可說了，但他還是耐著性子說：「遲到是我的錯，但要不是昨天晚上老闆讓我整理貨架，我很晚才回家，今天早上也不會遲到。」

冷杉說：「不管原因是什麼，反正你遲到了，他罵你也合乎情理。」

這下，兆輝徹底沒話了。

茂茂參加了商家的抽獎活動，抽中了一部手機。

茂茂對冷杉說：「今天運氣真好，抽獎抽到一部手機。」

冷杉說：「是嗎？」

茂茂說：「是啊，剛好想換手機，結果就中了獎。」

冷杉說：「那又怎樣？」

聽到這種不冷不熱的回應，茂茂有點不想聊下去，但還是勉強擠了句話：「不

雖然，冷杉會在別人說完話之後，給點回應以示自己在傾聽，其實，他壓根沒把人家的話聽到心裡去。

一個合格的傾聽者不僅僅要聽人講話，還要把話聽到心裡去。真正把他人的話聽進心裡，才會「感同身受」，有了這樣的感受，便能從心理、情緒上去認同對方，這時說出的話，才會是對方想聽的話。

獲取認同感是每個人對自我認可的需求，當別人在與你溝通，你回饋的資訊總與「我不認同你」相關，滿足不了對方的認可需求，對方內心產生的感受是「再說下去便是自討沒趣了」，於是匆匆結束話題。

反之，如果你向聊天對象傳達了自己的認同，對方內心產生的感受則會是：他理解我，並對我的話題感興趣，我可以暢所欲言，不必擔心他不願意聽。對方有了這樣的想法，話自然會越聊越多。

當一個人向你抱怨另一個人的不是時，他並不想聽所謂的正確意見，他的內心與自己抱怨的對象產生了對立情緒，他向你傾訴這種情緒，需要你的理解，需要你和他站在同一條陣線上，而不是站到他抱怨對象的那一邊。

當一個人與你分享開心事，他想把快樂的情緒傳遞給你，他希望你能感受到同等快樂，而不是拒絕接受他傳來的正面情緒，更不希望你破壞他的好心情。

當一個人向你傾訴苦惱，他僅僅是需要一個傾訴對象，他想釋放情緒，並不想在這種時候聽到任何批評，因為批評對陷入苦惱的人來說，幾乎等同一句「活該」。

如果你的聊天習慣和冷杉一樣，你可能會認為說出個人看法絕對合情合理，既然接受了溝通請求，自己當然有權提出個人觀點。

這種想法沒錯，可是就算你提出的觀點百分之百正確，如果這個觀點會終結話題，會打消對方的傾訴欲，這種溝通又有何意義呢？

既然接受了溝通請求，又或是主動向人發出溝通邀請，想把溝通順利進行下去，就先學會傾聽吧。

記住，真正的傾聽是把他人的話聽到心裡，是以感同身受的角度去理解溝通對象，滿足對方的認可需求，讓他毫無顧忌、毫無擔憂地把話說下去。畢竟，只有確保話題不被終結，你才有機會用恰當的方式表達個人觀點。

聽出話外音，讓溝通事半功倍

別只聽對方說了什麼，也得「聽」對方「沒說什麼」。

藝術創作中有一種手法叫作「留白」，留白能創造出無限想像空間，該種創作手法在東方藝術界廣為流傳。這或許是因為東方人大多性格含蓄溫婉，在藝術表達中喜歡留有餘地吧。

留白不限於藝術創作，在日常生活中，很多人說話也喜歡留白。如果你不懂得理解他人言語之中的留白部分，溝通的效率就會大打折扣。

要聽對方說了什麼，更要聽「沒說的部分」

澤宗和佩妮是一對情侶。剛開始戀愛的時候，澤宗覺得很甜蜜，可是好景不長，沒過多久，澤宗就感受到了來自愛情的苦惱。

澤宗發現佩妮是一個喜歡生氣的女生，而且脾氣總是來得莫名其妙。

有一次，澤宗約佩妮吃飯，澤宗快到約定的餐廳時，接到了佩妮的電話，佩妮說：「對不起，我肯定會遲到，下雨了我沒帶傘，只能在路邊小店裡等雨停再過去。」

澤宗連說：「沒事，妳慢慢來，不著急。」

掛了電話，澤宗一個人在餐廳等了整整兩個小時，再打電話給佩妮，發現她已經關機了。之後整整一個星期，佩妮對澤宗的態度都很差，澤宗不明白自己做錯了什麼。

還有一次，佩妮對澤宗說：「介紹幾家外賣餐廳給我吧。下週爸媽出去旅行，我不會做飯，只能吃一週外賣了。」

澤宗連忙向佩妮推薦了十幾家外賣餐廳。

佩妮冷冰冰地說了聲：「謝謝。」接下來又是一週沒搭理澤宗，澤宗依然不明白自己做錯了什麼。

這樣的事情發生了很多次，每次，澤宗都感到既無奈又無辜。

聰明的你應該能看出澤宗的問題出在哪兒吧？

沒錯，澤宗的問題正是出在不會聽話外之音，他徹底忽略了佩妮言語中的留白部分。

佩妮說：「對不起，我肯定會遲到的，下雨了我沒帶傘，只能在路邊小店裡等雨停了再過去。」她並不是想為遲到跟澤宗道歉，而是想讓澤宗去接她，澤宗卻真把佩妮的話當道歉看待，難怪佩妮不高興。

佩妮說：「介紹幾家外賣餐廳給我吧，下週爸媽出去旅行，我不會做飯，只能吃一週外賣了。」她不是真的想要澤宗介紹外賣餐廳給她，而是希望澤宗主動幫她解決吃飯問題，澤宗僅從字面理解佩妮的話，佩妮自然不滿意。

每個女生在談戀愛的時候，都希望男朋友寵著自己，但不是所有女生都好意思直接對男友提要求，尤其是在兩人的關係還沒有發展到可以隨意提要求的地步時，女生會用話外音表達自己的想法，澤宗聽不懂話外音，佩妮不生氣才怪。

除了談戀愛，在其他社交關係中，人們也喜歡利用話外音來表達羞於啟齒的想法。

比如，借錢的時候不好意思直接求助，會向借錢對象描述一下自己的生活窘境。

討債的時候不好意思張口要錢，會詢問欠債者近期的經濟狀況。

在家待客，時間太晚，又不好意思催客人走，會問對方：「幾點了？」

……

通常，話外音是無法用言語直接表述的想法，會聽話外音，才能迅速理解溝通對象的想法，有效提高溝通效率。

聽懂他人的話外音，其實並不困難。

你得注意他人話中存在的留白部分，聽的時候別只聽對方說了什麼，也得「聽」對方「沒說什麼」。

從對方的利益角度去想，就能聽出話外音

話外音是話中被省略的部分。

例如，佩妮對澤宗說：「對不起，我肯定會遲到的，下雨了我沒帶傘，只能在路邊小店裡等雨停了再過去。」聽到這句話，澤宗可以想想佩妮省略掉的內容是什麼，如果她沒有對話語進行省略，接下來，她可能會說：「要不然你來接我吧。」

如果澤宗能「聽」出佩妮沒有說出來的部分，就可以替佩妮說出她省略的話，溝通效果就好得多了。

至於如何「聽」出他人省略掉的話外音，就要看你是否能從對方的利益出發考

慮問題了。

澤宗要是能從佩妮的利益出發考慮問題，自然明白女生想被男朋友寵愛的心態，便能讀出佩妮語中的留白了。

認真解讀他人的話外音很重要，但也要注意把握尺度，不要過分解讀他人的言語。

比如，一個男生問一個女生：「請問火車站怎麼走？」

女生卻突兀地答道：「我已經有男朋友了。」

顯然女生把男生的提問當成了搭訕，這樣的過分解讀不僅顯得自作多情，也讓氣氛變得異常尷尬，就有點貽笑大方了。

話要會說，更要會「表達」

不要只是簡單地把話「說」出來，那只會成為飄過別人耳畔的一陣風。

聽過有聲書的人都知道有聲書分很多種類，其中包括電腦錄音有聲書、單人有聲書，以及多人廣播劇等。

一部小說用不同的方式錄製，表現出來的效果是不一樣的。

絕大部分人喜歡聽多人廣播劇，卻對電腦錄音有聲書不感興趣。即使原作品再優秀，只要搭配單調生硬的電腦音，也會產生令人昏昏欲睡的效果。

如果把日常溝通的言語組織部分比作小說原作品，那麼可以把表達方式比作錄製手法。

你一定不希望自己精心組織的言語帶給別人昏昏欲睡的感覺吧？

所以，想更好地表達自我，不應該只專注於組織言語。

會組織言語僅代表會說話，會說話還不夠，你還得用一些特殊的表達方式把你要講的話傳遞到對方心裡，而不是簡單地把想說的話講出來，成為飄過別人耳畔的一陣風。

不一定要口才一流，但一定要能打動人心

桃子很膽小。有一次，她和男友小順去旅行，飛機遇上了亂流，顛簸得很厲害，桃子嚇得面色慘白。

小順安慰桃子：「別害怕。」然後緊緊握住了桃子的手。

那一刻，桃子被感動了。倒不是「別害怕」三個字有多感人，而是因為小順握住了她的手，這個動作令她感受到了小順的陪伴。

後來，桃子跟小順結婚了，有人問桃子：「為什麼會選小順？」

桃子答道：「因為他很愛我。」

其實，愛這種東西是很模糊的，小順是怎樣讓桃子感受到自己的愛呢？

桃子會覺得小順很愛自己，不可能是因為小順對她說：「我很愛妳。」「很愛」究竟有多愛？沒有人知道答案，因為「很」字實在太抽象了，誰也無法體會到「很」字的重量和程度，聽了這話，大概也不會有什麼感覺吧。

看來，小順把愛傳遞到桃子心裡靠的不是言語，而是言語之外的表達方式。

向桃子表白那天，小順想對桃子說：「我想永遠跟妳在一起。」不過，小順沒把這句話說出來。

為了向桃子傳達感情，小順想出了一個辦法。

小順對桃子表白後，他拿出了一條手鍊送給桃子。

老實說，桃子當時有點失望，因為手鍊這種禮物實在太沒創意了，桃子身邊有很多追求者，好幾個人都把手鍊當成禮物送給她。小順也送手鍊，選擇禮物的時候，應該沒花太多心思。

可是，桃子接過禮物後，小順說：「我一共買了七十五條手鍊，今天只送妳一條，現在家裡還剩下七十四條，我打算每年送妳一條，需要七十四年才能送完，以後慢慢給妳吧。」

桃子很感動，甚至湊上去親了小順一下。

很顯然，小順的方法奏效了，而且這個辦法比直接說「我想永遠跟妳在一起」好得多。

「永遠」究竟有多遠？誰也沒辦法說清楚，就算用「天長地久」、「海枯石爛」之類華麗的辭藻去描述它，桃子也未必能感受到它的具體時間長度，因為誰也沒有

訴諸需求，觸及對方痛點

說出來的話能否戳中對方痛點，決定了溝通的效果。

市場行銷學中有一句著名的話：「顧客要買的不是鑽頭，顧客要買的是洞。」

試著分析一下這句著名的話，你會發現它蘊含了重要的溝通要領——訴諸需求，觸及對方痛點。

鑽頭是顧客想要的，而洞是顧客需要的。

想要的和需要的，有差別嗎？

當然有。

顧客要打一個洞，他知道鑽頭可以用來打洞，所以他認為鑽頭是他想要的；但如果有一個工具可以代替鑽頭，能把洞打得更好，他想要的東西就未必是鑽頭了，而可能是能打出好洞的新工具。

所以，鑽頭不是需求，更不是痛點，洞才是。

深諳此道的銷售人員會按顧客的需求和痛點設置銷售手法，從而達到銷售目的。

訴諸需求，觸及對方痛點的道理，已被套用到很多商品的銷售上。比如，出售私人訂制商品的人知道商品本身是顧客「想要的」，但私人訂制、獨一無二才是顧客「需要的」，所以在宣傳商品的時候，把獨一無二作為宣傳重點，於是，該商品熱賣了。

其實，設定行銷語言和與人溝通時打腹稿差不多，你說出來的話能否戳中對方痛點，可以決定整場溝通的效果。

找到痛點，對症下藥

米蘇是個宅女，大學畢業後只參加過兩次面試，第一次面試以失敗告終，之後，米蘇閒了一年，直到她通過堂哥的介紹得到了一份廣告公司行政的工作，但她只在那家公司上了九天班就又打了退堂鼓，然後繼續宅在家裡，一宅就宅了四年。現如今，米蘇已經二十八歲了。

米蘇的爸媽很焦慮，他們認為女兒再這樣宅下去，不僅找不到工作，甚至無法家的原因之一，就是社交要花錢，但他們沒錢可花，我猜米蘇不肯出門正是這個原因。」

米娜的這番話遭到媽媽的反駁。「妳爸不給她零用錢是想逼她自己去掙錢，可我會偷偷給她零用錢，她又不要。」

米娜哭笑不得地說：「你們真是一點也不瞭解她，害怕面試失敗，是因為自尊心太強；在公司上班被同事嘲笑，選擇默默離職，也是因為自尊心太強。她的自尊心那麼強，怎麼可能白白花你們的錢呢？於是，她陷入了一個死循環，不想白白用你們的錢，也不想出門被人看扁，所以乾脆宅在家裡逃避一切。我給了她一筆錢，解決了她缺錢花用的問題，又在給她錢的時候告訴她，從我這裡拿的每一筆錢都要在三個月內還清，讓她知道，她有錢可以花，可以大方去社交，可以衣著體面地去找工作，但從我這兒拿的錢是要還的，不用擔心白花的問題。所以，她接受了我的錢，並嘗試融入社會了。」

爸媽若有所思地點了點頭，米娜補充道：「其實我並沒有勸她找工作，我只是對她說，妳要是想去面試，就偷偷去吧，別讓爸媽知道，找到工作了再給他們一個驚喜。」

這次，爸媽明白米娜的意思了。米娜對米蘇說這種話，是要讓她知道，面試失敗也沒關係，反正爸媽不會知道結果，這番話減少了米蘇對面試結果的恐懼感。

而爸媽勸解米蘇的時候只會告訴她，要融入社會、要過正常生活、要找男朋友、要有體面的工作，他們提到的這些點只是米蘇想要的，但不是目前的她需要的，這些說法觸及不到她的痛點，自然無法刺激她脫離宅女生活。

米娜之所以能改變米蘇，是因為她明白米蘇最迫切的需求不是找到體面的工作，也不是迅速融入社會，而是有一筆錢可以支撐在拿到第一個月薪資之前的開銷，且不需要為了這筆錢承受白花錢的愧疚感。

於是，米娜對米蘇說：「沒錢花可以隨時來找我，不過妳從我這兒拿的每一筆錢都必須在三個月內還清。」這句話觸及了米蘇的痛點，所以，溝通迅速起到了效果。

提供認同感，溝通更順利

每個人都渴望被人認可，所以談話時，要盡可能向對方表達你的認同感。

幾乎每個身處異國的遊子都會在遇見同胞時顯得格外興奮。身處異國，時時刻刻都會有陌生和孤獨的感覺，這種時候，就會努力尋找認同感與歸屬感。

尋找認同感與歸屬感便是漂泊異國的遊子在遇到和自己有著同樣膚色、說著同樣語言、來自同一國度的同胞時產生親切感的原因。

溝通亦是如此，想要溝通更順暢，可以用「為溝通對象提供認同感」的方式，促使對方產生與你交流下去的欲望。

提供認同感的第一步：利益認同

小布初入職場，想盡快融入群體，但不管怎麼做，都收效甚微，如何處理好人際關係成了她需要面對的最大難題。

有一次，公司舉辦聚餐活動，小布也參加了。

男同事馬修坐在小布左邊，另一個新進職員舒西坐在小布右邊。

小布想找點話題跟馬修聊，她決定先誇一誇馬修：「你今天穿這件衣服好帥啊。」

馬修聽到誇獎很開心，立刻回應道：「謝謝，這衣服是剛買的。」

看到馬修的正面反應，小布知道這是一個好的開始，於是，她再接再厲地找話題：「聽說，你們男生都不太在意個人形象，我認識的好幾個男生都邋遢得要命，一週只洗一次頭，頭髮常常又臭又油，噁心死了。」

馬修揉了揉自己的頭髮，不知該說什麼好。

接下來，馬修一直沒再跟小布說話，小布也意識到自己說錯話了，不敢再把話題往馬修身上扯，她開始講與自己有關的話題。

小布說：「今天這些菜都太清淡了。我老家是湖南，我們湘菜特別辣，自從在這個城市定居後，我就再也沒吃到正宗的湘菜，好懷念家鄉的味道。」

馬修不想讓小布難堪，於是隨便接了句：「是嗎？」

小布以為這個話題激起了馬修的興趣，於是滔滔不絕向他介紹家鄉的美食。馬修一點也不瞭解湘菜的特點，儘管小布講得很興奮，馬修也只能回應「是嗎？」、「原來是這樣」、「真的嗎？」之類不冷不熱的短句。很快，小布和馬修又沒有話題可聊了。

小布終於感到累了，她不知道該怎樣展開話題，不過她發現坐在右邊的舒西和旁邊一位同事聊得很開心，於是，她打算聽一聽舒西跟那位同事在聊些什麼。

舒西說：「天氣越來越熱，要是公司的茶水間準備一些冰飲就好了。」

同事說：「是啊，今天最高氣溫有三十度呢。」

舒西有說：「好在我們每天都在有空調的地方工作，風不吹，日不曬，也不錯了。」

同事又附和道：「那倒是。比起戶外工作者，我們已經很幸福了。妳知道嗎？我以前負責聯繫業務，每天都要在外跑，那才叫累呢！」

舒西說：「原來你以前負責聯繫業務啊，那工作真的很辛苦，每天要面對許多陌生人，很累的。」

同事接了舒西的話，很自然地聊起先前的工作經歷。

那天的聚會讓小布感到沮喪，她很羡慕舒西，她發現舒西跟誰都聊得來，而自己跟誰都只能聊幾句，氣氛很快就會變僵。

小布琢磨了很久，還是沒弄明白為什麼舒西能順利打開別人的話匣子。其實，舒西令溝通更順暢的方法，就是在聊天的時候為聊天對象提供認同感。每個人都渴望被人認可，所以聊天時，盡可能向對方表達你的認可，是促進溝通順暢的一種方式。

如果，聊天對象沒有主動向你發起話題，你無法表達自己的認可，這時候就需要你主動提供認同感了。

小布想找點話題跟馬修聊一聊，首先她誇馬修穿這件衣服很帥，這個頭開得很好，因為誇讚也是表達認可的一種方式。

可是，後來小布說自己認識的大多數男生都比較邋遢，而馬修就是一個男生，他無法認同小布的說法。即使小布說的是實話，他也不可能點頭稱是，因為沒有人願意認同他人對自己或自己同類的負面評價。

小布在描述自己認識的男生有多邋遢時，用性別將自己和馬修劃開了界限，馬修聽到那番話，很可能會覺得小布是這樣想的：我們不是同類，你的同類很糟糕，所以你也有可能很糟糕。

後來，小布又跟馬修講起關於家鄉美食，馬修無言以對，因為他根本不瞭解小布的家鄉有哪些美食，所以無法對這個話題產生認同感。

與小布相比，舒西的表現就好得多了。

舒西跟同事談論天氣，又說：「要是公司的茶水間準備一些冰飲就好了。」首先，天氣熱是事實，對方多半不會否認這個事實；其次，提出公司茶水間應該準備冰飲，這是一個對雙方都有利的主意，暫且不管這一想法是否能夠實現，起碼它必然能得到對方的認同。

這便是舒西提供認同感的第一步，這裡的認同感可以稱之為「利益認同」。「利益認同」是指在溝通中提出對雙方都有利的觀點，這樣的觀點必然能獲得對方的認同。

接下來，舒西說：「好在我們每天都在有空調的地方工作，風不吹，日不曬，也不錯了。」這句話描述的也是事實，在描述事實的同時，舒西還表達了自己的感受——「好在……也不錯了。」而這種感受多半會與同事的感受重疊，因為大部分的人當然認同夏天可以在有冷氣辦公室工作是一件還不錯的事情，所以這句話也得到了對方的認同。

同事聊到過去的工作經歷時，表達了內心的感受：「每天都要在外跑，那才叫累呢！」

舒西順著同事表達的感受延伸了他的話題：「那工作真的很辛苦，每天要面對許多陌生人，很累的。」

舒西之所以講這番話，是因為同事對上一段工作經歷的評價是「累」，所以，用「那工作真的很辛苦」來描述自己對那工作的印象必然能得到對方的認同。然後，舒西又說那份工作每天要面對許多陌生人，這種說法符合事實，也會得到同事的認同。

在整場聊天中，同事始終能從舒西的話中找到認同感，自然願意與舒西聊下去。

分析了小布和馬修的對話，以及舒西和同事的對話，你學會提供認同感的聊天技巧了嗎？

聊天時，如果對方沒有開啟可以令你表達認同感的話題，你可以主動製造認同感。但值得注意的是，你必須確保你提供的話題不是與對方相關的負面觀點以及對方感到陌生的內容，否則不但製造不了認同感，還有可能會把氣氛搞僵。

多用「建議」，不用「命令」

命令將溝通雙方定位為從屬關係，建議則將雙方定位為平等關係。平等溝通比非平等溝通更容易令人產生舒適感。

瑪姬是個好媽媽，卻不是個好妻子。

瑪姬和兒子努努的關係很好，跟老公偉忠的關係卻很差。

努努高三上學期的期末考試成績不是很理想，瑪姬認為兒子成績突然變差肯定是有原因的，因為高二下學期，努努期末考試成績在班上排名第二。

瑪姬詢問努努成績下滑的原因，努努什麼也沒說，只是保證自己下學期會努力。後來，瑪姬無意間在努努的書包裡看到一封情書，這才知道努努喜歡上一個女生，且打算用情書向那個女生告白。

努努馬上就要高考了，關鍵時刻不能分心。瑪姬著急了，但她沒有批評努努，而是認真地跟他聊了聊。

瑪姬說：「我知道你喜歡上一個女生，還給她寫了一封情書。對不起，沒有經過你同意我就看了那封情書。」

努努的臉一下子就紅了。沉默了一陣子後，他向媽媽承認了自己打算向心儀女孩告白的事情。

瑪姬說：「或許你不必現在立刻向她告白。你可以把這份感情存在心裡，如果你真的喜歡她，就應該考一所好學校，爭取一個好的未來，到時候再向她告白，成功機率會大很多。」

見兒子不說話，瑪姬又說：「當然，你也可以現在去告白，若她也喜歡你，那就更好了。只是現在不是戀愛的最佳時期，你可以跟她約定半年後在名校相見。」

努努採納了媽媽的建議，打消了向女生告白的念頭，並全力以赴準備高考。

瑪姬與努努的溝通總是很順暢，但她跟偉忠溝通的時候，情況就完全不一樣了。

偉忠是某外商企業高階主管，是一份令人羨慕的工作，但他想辭職去一座觀光城市開一家民宿。瑪姬聽了偉忠的想法，勃然大怒，態度很強硬地對他說：「不行，你必須留在公司！」

雖然瑪姬的態度讓偉忠很不舒服，但他還是耐著性子說：「妳不知道我壓力有多大。這份工作年薪很高，可是我們現在經濟條件挺好的，我覺得我們沒有必要為了掙錢吃那麼多苦。如果去觀光城市開一家民宿，妳也可以辭職，我們應該好好享受生活。」

聽了偉忠的話，瑪姬不但沒有平靜下來，反而更生氣了。「不管你有什麼理由，反正你就是不能辭職！」

偉忠哭笑不得。「這是什麼話？我覺得我自己的事情我是可以作主的。」

瑪姬快氣炸了，她不想跟偉忠理論，只扔下一句「不准辭職」就走了。

最後，偉忠不顧瑪姬反對，還是辭職了。

後來，偉忠如願以償，在觀光城市開了一家民宿。再後來，瑪姬與偉忠就民宿的經營問題吵過無數次，每一次兩人都不歡而散，冷戰好幾天。

命令以「我」為中心，建議以「你」為中心

大部分偉忠和瑪姬的朋友都認為，這對夫妻經常吵架的原因是瑪姬脾氣暴躁，跟偉忠說話的時候態度不好，但其實態度僅是一個原因，更重要的原因是瑪姬對偉忠提要求的時候，用的都是「命令」，而不是「建議」。

什麼是「命令」，什麼是「建議」？

不必刻意拿字典查這兩個詞的含義。簡單而言，生硬直接地提要求是命令，委婉地表達想法則是建議。

命令以「我」為中心，建議以「你」為中心。

命令帶有強烈的個人色彩，建議則把他人放在首要位置。

命令是不講道理地強迫，建議則是合乎情理地勸導。

通常，命令的句型中都帶有這樣的詞：「不准」、「不行」、「不要」、「必須」等；建議的句型中則會出現這類詞語：「個人認為」、「或許」、「大概」、「可能」等等。

瑪姬在跟努努溝通的時候，會心平氣和地給予建議，而跟偉忠談話，卻強勢霸道地下命令。努努願意接受建議，偉忠拒絕服從命令。

根本原因在於，大部分的人其實是吃軟不吃硬的。可能你會否認這個觀點，那你可以試想一下，當你做了一個並非那麼堅決的決定時，有人希望你改變這個決定，是直接跟你說「你必須按我說的做」會比較容易讓你放棄決定，還是和顏悅色地勸你「我個人認為你的這個決定可能存在一點問題」比較容易讓你動搖？

即使你沒那麼容易放棄自己的想法，聽到後一句話，你至少應該會想聽對方說明反對你的原因吧？

溝通的平等關係VS從屬關係

為什麼人們更喜歡聽建議，而不是命令呢？

這是因為每個人都是獨立的個體，都有主見，看待一項事物時會產生自己的觀點。基於人人都希望得到認可的本能，每個人都會不自主地反對與自己思想相悖的觀點。

即使兩個人的觀點是一致的，無論是哪一方都會認為在保留原觀點的兩個原因（堅持自我、相信對方）中，堅持自我比相信對方帶來的愉悅感更強烈。

在你向某人發出命令時，無論理由是什麼，首先給對方的感覺會是「我要你按我說的做」，或「我不允許你遵從自己的想法」。

而當你給某人提出建議時，首先給對方的感覺會是「我的想法是……」，或「我認為……會是更好的方法」。

二者不同的是，命令將溝通雙方定位為從屬關係，建議則將溝通雙方定位為平等關係。平等溝通自然比非平等溝通更容易令人產生舒適感，交流也就更順暢了。

只意會不言傳的拒絕

只意會不言傳的拒絕給對方傳遞的信號是：我沒有拒絕你，但你可以衡量自己是否能承受得了我幫你忙的這份人情。

大部分人認為拒絕是社交中最令人頭痛的事。心理學家普遍認為，難以拒絕別人是因為無法接受「不被別人喜歡的自己」。

也就是說，我們會為了被他人接納而不斷滿足對方的要求，用這種方式成為一個受人歡迎的人，卻不顧在其中耗費的時間、情感及各式各樣的其他成本。

解釋不敢拒絕他人的原因是老生常談了，相信對大家來說，最重要的是找到拒絕他人的方法，而不是瞭解不敢拒絕的原因。

優雅而不失禮地拒絕他人，最簡單的方法，可能就是不把拒絕直接表達出來。不直接表達拒絕不等於不拒絕。

有一種拒絕叫作：只意會不言傳。

拒絕第一步：說明做這件事你需要付出什麼

思璿在廣告公司寫文案，文字駕馭能力很強。因為有這方面的優勢，周圍的人遇到與文字相關的問題都會找她幫忙。

思璿是個樂於助人的女孩，發揮自己的優勢去幫助別人絕對是令她感到開心的事。

可是，找她幫忙的人實在太多了，要求五花八門：有人要她幫忙寫演講稿，有人請她代寫辭職報告，有人連自己的工作總結都交給她處理，還有人要她代寫情書……這些亂七八糟的事情看起來都是小事，堆積起來卻耗費大量時間。

有時候，思璿加完了班，累得要死，還要通宵達旦幫朋友寫文章，而那些拜託她的人卻總是輕描淡寫地說：「幾百字而已，隨便寫寫就行了，對妳來說還不是小菜一碟。」

隨便寫寫真的行嗎？如果思璿真的敷衍了事，「交稿」的時候，那些求她幫忙的人又會挑三揀四，找出一大堆毛病，簡直比她的上司還要嚴苛。

漸漸地，思璿很怕別人向她求助文字方面的事。每次有人求她幫忙，她都很想拒絕，但她不知該怎麼做，尤其是那些輕描淡寫地提出麻煩的請求的人。

有幾次，思璿實在忙不過來，告訴求她幫忙的人：「其實你可以在網上發佈資訊，有很多兼職者會來詢問，用不了多少錢就能把事情搞定。」

沒想到對方竟然給思璿戴高帽子：「這不是錢的事，我不信別人，我只信妳，他們的水準肯定不如妳。」

人家已經明確表示了信任，思璿就更難拒絕對方了。

後來，找思璿幫忙的人越來越多，幾乎影響到思璿的正常生活，思璿終於開始鼓起勇氣拒絕那些人。

一開始，她對拜託她寫東西的人說：「對不起，我很忙，每天都有很多事情要做。」

這種話拒絕了一部分人，但有些臉皮厚的，會說出類似於「求求妳了」、「拜託了」之類的話，甚至是哀求，逼得思璿「就範」。

後來，思璿變得更直接，她對那些臉皮厚的人說：「不行，我不能幫你。」其中有一部分人便在話裡話外表現出「妳這麼做很不夠意思」、「這點小忙都不幫，實在很不講道義」之類的意思。

反正，請思璿幫忙的人總是有一萬種理由說服她答應。

很多次，思璿要嘛強迫自己滿足對方，要嘛得罪對方，兩種結果都不是思璿想要的。

有一回，思璿請朋友幫自己修一些圖片，對方對思璿說：「今天我有重要的工作要處理，妳急的話，凌晨四點給你。」

思璿說：「不用那麼急，明天上午九點給我就行了。」

對方又說：「無論妳是明天上午九點還是十點要，我都只能熬夜幫妳完成。我每天的工作都排得很滿，那些工作又實在不能拖，否則我有可能被炒魷魚。」

話說到這裡，拒絕的意思就很明顯了。思璿怎麼好意思讓對方熬夜到那麼晚，更不可能因為自己的事，害得別人被炒魷魚。

於是，思璿對朋友說：「謝謝你，我自己再想想辦法。」

這件事讓思璿學會了怎樣拒絕。

後來，若有人拜託思璿寫東西，思璿不再找各種藉口拒絕對方，也不會把拒絕說出來，她會告訴對方，自己為了做這件事需要付出什麼，讓對方意會拒絕的意思。

自從使用了這種拒絕方法，思璿成功地拒絕了90％以上的請求，且是在雙方情緒不受影響的狀態下達成拒絕目的。

不做濫好人，讓你的付出有意義

如果你仍然無法理解只意會不言傳的妙處，我們試著將普遍使用的拒絕方法進行一下簡單的分類。

一、直接說「不」。

用直接說「不」的方式拒絕他人，對不敢拒絕的人來說是非常困難的。

一旦「不」字講出來，就會在對方的心目中留下不好的印象，雖然可以達到拒絕目的，但很容易傷感情。

當然，直接說「不」也未必能成功達到拒絕目的，比如那些喜歡用哀求方式請求的人，就很難被拒絕掉，你會變得很被動。

二、以藉口拒絕。

用找藉口的方法拒絕他人，你必須對藉口進行一番繁瑣的敘述。於對方來說，重點是能否獲得幫助，無論你的藉口可信度多高，對對方的目的幾乎無法構成威脅。而且，用藉口去拒絕他人，很難避免對方繞開你的藉口，繼續向你發出懇求。

比如，思璿為了拒絕他人的求助，曾說：「抱歉，我不能幫你寫東西，因為今晚我要去約會。」

對方說：「沒事，我不急，妳有空的時候再幫我完成就好了。」

很顯然，對方完全不在意思璿的藉口。而且對方說了「沒事」，這兩個字表明他對思璿的推脫持寬容態度，他反而成了善解人意的人，如果思璿再拒絕，必然會傷感情。

三、含糊其辭地拒絕。

不好意思拒絕他人的人經常會用含糊其辭的方式去拒絕別人。比如，他們拒絕他人時會說：「我不能保證是否可以幫你完成這件事。」或者說：「我們改天再聯繫，現在我沒時間處理你的事。」

這類拒絕會給委託方留有希望，對方很可能不會放棄，這樣一來，對方便會一而再、再而三地請求你的幫助。

可以說，含糊其辭地拒絕治標不治本，是一種後患無窮的拒絕法。

以上三種常用的拒絕法不但「不能」很好地達到拒絕目的，還極有可能損傷雙方之間的感情。

而用只意會不言傳的拒絕方法就不會存在這些問題。

思璿受到委託時，她可以說：「這個星期，我的工作量很大，每天晚上都要加班。這幾天我又感冒了，本打算今晚加完班去醫院的，事情那麼多，我晚上就帶著筆電去醫院幫你寫東西吧，寫完就給你發過去。」

只意會不言傳的拒絕給對方傳遞的信號是：我沒有拒絕你，但你可以衡量自己是否能承受得了我幫你忙的這份人情。

這樣做可以避免你處於被動狀況，而能讓對方主動放棄的拒絕法自然是最佳的方法了。

如果，對方是一個極其難纏的人，意會了你的拒絕，卻還是不斷對你進行懇求，至少，只意會不言傳的拒絕法不會導致出力不討好。

只意會不言傳的拒絕法能讓對方意識到你為了幫助他而做的努力，他才會真正領你的情，你的付出也才有意義，而下一次他也未必好意思繼續向你求助了。

第四章

談好主話題，交流更有趣

前言

藝術家在創作作品的時候，會定一個主題；人們舉辦聚會，也喜歡定主題；準備演講稿，更是要明確主題。

談話也是需要主題的，與人聊天時可以定一個或多個主題。

但是，如果想讓溝通更有趣，就不要在其中加入太多話題。

一場聊天，當然可以從天南聊到地北，可以前一句聊娛樂八卦，後一句扯生活百科，下一句接科學資訊……但這樣聊天，難道不怕溝通參與者覺得太累嗎？對方剛對一個話題感興趣，談話主導人忽然轉換話題，對方的思維再跳躍，時間久了恐怕也會有一種跟不上節奏的感覺吧。

其實，聊天時，認真把一個主題聊好，比在談話中加入多個主題要有趣得多。

如果把每一場談話內容羅列出來，編輯成文字，你會發現有主題的談話比沒有主題的談話有意思得多。

我們在看一篇文章或一部電影的時候，也會喜歡有主題的作品。

如果一篇文章，第一段寫的是美食文化，第二段討論國粹精華，第三段又寫歐洲歷史，看完這篇文章，你大概會有一種不知所云的感覺。

而一部電影，每三分鐘就換一個故事，有幾十人出演，所有人之間毫無關聯，戲份一樣多，你會覺得這部電影很豐富、很有趣，還是覺得它太雜亂、太無聊呢？

即使是一部有幾十人出演、沒有主角的電影，也應當是要有主題的，否則，這部電影就是一部無存在意義的作品。

如果你不希望自己參與的溝通是一場沒有存在意義的談話，就認真聊好主題內容吧。

至少有主題的談話，參與者的發言不會太鬆散，不會因為不斷轉換話題而出現發言不連貫、前言不搭後語的狀況。

抓住好奇心，你的話就說對了

在言語敘述中製造「為什麼」、「怎麼會」的情況引發好奇，對方會因為想探究答案而認真關注你的話題。

你知道嗎？很多行業領先者都有一個技能，那就是：善於利用他人的好奇心。

我來舉個例子，你便能從中發現善用好奇心的妙處。

假想一下，此時此刻，你正在瀏覽網頁新聞，有兩個標題同時映入你眼簾，它們分別是「神童六歲會程式設計，十二歲創辦IT公司，十六歲擁有千萬資產」和「IT界再現神童，小小年紀取得驚人成績」，你更有可能點開哪條新聞？

相信90%以上的人會對第一個標題更感興趣。這兩個標題可能是同一條新聞，但第一個標題卻能帶來更多的點擊率——當然，媒體應不應該為了曝光在標題上過分做文章就另當別論了。

除了媒體以外，利用好奇心的技巧也滲透到其他行業中。

比如，國外有一家麵館因為採用了冰塊製作的餐具盛放冷麵而生意爆滿，這是利用食客對特殊餐具的好奇心來攬客。

再比如，一些商家故意在宣傳海報印上「一直很貴，這次卻很便宜」的字樣，是利用消費者對「究竟貴在哪裡」以及「為什麼這次很便宜」的好奇心來吸引關注。

看來，各行各業的行家都懂得能「激發好奇心才能贏得關注」的道理。

如果你想成為一個聊天高手，自然也得學會抓住聊天對象的好奇心，只有對方對聊天這件事有了足夠的關注，聊天的品質才能提升。

敘說心事也要引起好奇，才能得到具體建議

伊文喜歡跟身邊的人討論自己遇到的大小事。在碰到麻煩的時候，她會主動向人求助，她很樂於收集周遭人的意見。

但在伊文學會抓住他人的好奇心之前，很難徵詢到其他人的意見。因為聽她說話的人似乎很難集中精神傾聽，偶爾給出回應，也只是「哦」、「是嗎？」之類的敷衍，聊得久了，其中一些人還會呵欠連天，總是忍不住拿出手機來看，這樣的反應逼得伊文只能放棄交談，討論不了了之。

有一回，伊文因為一次失誤得罪了辦公室的同事，並遭到了大家的排擠。排擠持續了一週，伊文覺得很難受，但又不知道該怎麼化解矛盾，甚至想用辭職的方式逃避問題。

無奈之下，伊文決定向幾個朋友徵求意見。

伊文想說：「前段時間，我做錯了一件事，連累了整組同事，大家都被扣薪水，我覺得很內疚。現在同事們都用冷暴力來回應我的歉疚，我是不是應該辭職？」

伊文最終沒有把這些話說出口，因為她能預料到，說完這番話，朋友們給出的回應差不多會是這樣——

「每個人都會犯錯，用不著辭職吧！」

「過一段時間大家都會忘了這件事，別太在意了。」

「沒關係啊，他們不理妳，妳也不用理他們，好好工作就是了。」

……

這些安慰起不到實質的作用，很快這個話題就會被大家忽略，徵求意見的事情又會不了了之，所以，伊文打算用誇張一點的起頭來陳述自己的遭遇。

伊文說：「昨天下午，我主動為同組的同事買了下午茶，結果沒有一個人願意吃，有一個同事還當著我的面把我買的蛋糕丟進了垃圾桶。」

這番陳述很快在朋友中激起了水花。

葛格驚呼道：「天哪，妳的同事怎麼那麼沒禮貌？」

阿穆也替伊文鳴不平：「遇到這種同事，乾脆辭職好了。」

於蓮還算冷靜，安慰了伊文幾句：「別聽阿穆的，現在找份工作不容易。」

看到大家的反應，伊文知道自己已經成功把他們引入討論中，於是乘勝追擊：「是啊，我也想過要辭職，但就是因為知道找一份工作不容易，才不敢因為這種事立刻辭職。」

大家沒再說話。

伊文又說：「其實還有一個不願意辭職的原因是，上次我被客戶欺負，同組的同事都站出來替我出頭，所以我覺得他們對我其實挺好的。」

阿穆一臉狐疑地問：「以前他們願意這麼幫妳，為什麼昨天下午對妳的態度會那麼差？」

葛格也附和道：「是呀，是不是發生了什麼事？」

伊文趁機把自己犯錯的事情全盤托出，之後，大家紛紛幫她出主意，最終，伊文沒有辭職，她採用了於蓮的建議，修復了自己與同事之間的關係。

經過了這一次意見徵詢，伊文發現如果想要得到更多意見，又或者在聊天時希望每個人都能積極參與討論，就要利用言語抓住他人的好奇心。

要讓大家想知道「為什麼」、「怎麼會」

自從對好奇心產生興趣後，伊文開始研究如何抓取好奇心。她發現在描述一件事的時候，可以利用對方想知道「為什麼」或「怎麼會」的好奇心來開頭。

如果那天，伊文按原計劃講述整件事，大家對話題的關注度一定會很低。

伊文原本想說：「前段時間，我做錯了一件事，連累了整組同事，大家都被扣薪水，我覺得很內疚。現在同事們都用冷暴力來回應我的歉疚，我是不是應該辭職？」

一個員工犯了錯連累了同事，被同事排擠，這並不能引起大家的好奇，大家最多給一些安慰，伊文就得不到具體的建議了。

經過思考，伊文截取整件事情中最勁爆的部分說給大家聽，於是她成功地抓住了大家的好奇心。

伊文很清楚大家一定認為正常的同事關係不應該會差成這個樣子，而在一般情況下，也不會有人當面把別人買來的東西扔進垃圾桶。

正是因為伊文敘述中的「不普通情景」引起了大家的好奇心，他們想知道為什麼會有這種事情發生，所以才會關注伊文的話題。

而當伊文聊到自己想辭職，大家的關注度又降低了下來，因為一個受排擠的員工產生辭職的念頭不足為奇。

為了調動大家的好奇心，伊文來了一個反轉，她提到之前同事對自己的好，這就更令大家感到好奇了，原本的好怎麼會轉變成壞呢？肯定是有原因的，要探究原因，就得認真傾聽伊文敘述。

當所有人的好奇心都被伊文的敘述抓住，他們的思維自然會圍繞事件展開，給出的意見也會比較實用、比較具體了。

如果你也想體驗一下由好奇心引爆的精彩聊天，可以試著在敘述中製造「為什麼」、「怎麼會」，這樣便能成功地將聊天對象帶入話題中，他們會因為想探究答案而認真關注你的話題。

高明的「順勢追問聊天法」

順勢追問，雙方話題才能延伸，不致尷尬冷場。

追問得好，人生是彩色的

小灰、阿天、永彬是一起長大的好友。

小灰最受女生歡迎，當然，除了阿天和永彬之外，他還有很多同性朋友，可以說，他是一個跟任何人都聊得來的人。

阿天的人際關係也還不錯，不過和別人聊天時，還是偶爾會遇到冷場的狀況。

永彬的朋友最少，除了小灰與阿天在內的幾個固定朋友以外，幾乎沒有其他朋友了。他不喜歡跟人聊天，而他接觸過的大多數人也不認為他是一個好的聊天對象。

小灰、阿天和永彬都相過親。

永彬的相親場面是以下這樣的——

女生說：「假期我喜歡和朋友去爬山，上一次去爬山遇到了一件很有趣的事。」

永彬對爬山這項運動比較感興趣，但他並沒有很好地通過言語表達出自己的興趣，只是說：「好巧，我也喜歡爬山。」

這時候，女生會說：「是啊，爬山是一項不錯的運動。」

永彬不會提問，若繼續表達自己對爬山的熱愛未免太無聊，於是，爬山的話題到此結束了，兩人只能重新找話題來聊。在轉換話題的空當中，氣氛比較冷，雙方都感到有一點尷尬。

如果跟永彬相親的女生說的是永彬不感興趣的話題，場面則會是這樣——

女生說：「你知道嗎？有一個女明星宣佈婚訊了。我一直都很喜歡她，覺得她既漂亮，又有演技，沒想到這麼快就嫁人了。」

永彬對這種事一點也不感興趣，也懶得問對方那個女明星究竟是誰，他只是隨意地附和對方兩句：「確實很意外。」

這種敷衍的應答很容易堵住對方的話。不換話題，兩人真沒辦法繼續聊下去。

總之，永彬每次相親的情形都差不多，兩人聊著聊著，就沒話可說了，總會陷入不斷轉換話題、不斷冷場的迴圈中。

阿天的相親場面則是另一番景象。

女生說：「我最大的愛好是旅行，一有時間就會出去走走。」

阿天對旅行感興趣，他順勢追問對方：「那妳一定去過很多地方。其實，我也喜歡旅行，妳旅行遇過哪些趣事，可以跟我分享一下嗎？」

這時候，對方可以就旅行的話題聊下去，阿天也能聽到自己感興趣的內容。

如果女生聊到阿天不感興趣的話題，情況則是這樣的——

女生說：「上個月我買了一雙很貴的鞋，結果穿了幾天，鞋底就脫膠了，以後再也不會買這個牌子的東西了！」

阿天對女生的鞋並不感興趣，也不在乎什麼牌子的鞋品質會差成這樣，但他還是會追問一句：「那雙鞋是什麼牌子？品質怎麼這麼差呀！」

有了這個追問，對方便會繼續聊下去。

雖然在阿天的追問下，兩人不缺話題聊，但對方才是聊天的主角，阿天幾乎沒有談論自己的機會。

小灰的相親場面跟阿天與永彬的截然不同。

女生說：「我喜歡聽音樂，但不喜歡流行音樂，我比較偏愛古典音樂，尤其是鋼琴曲或小提琴獨奏曲。」

小灰也喜歡音樂，他會追問女生：「那妳喜歡大提琴嗎？我覺得大提琴協奏曲氣勢恢宏、魅力非凡。」

接下來，兩人可以就音樂展開一番討論，各自發表見解。

如果跟小灰相親的女生說：「最近上映的那部愛情片特別爛，我看到一半就睡著了。」

小灰會順勢問：「近期上映的電影中也有值得看的，為什麼不去看那部科幻片呢？」

這樣一來，小灰既不用跟對方聊自己不感興趣的愛情片，又可以把話題引到自己想聊的方向，轉換也不會顯得太突兀。

高明的追問，是讓雙方都有機會發表意見

對比永彬、阿天和小灰的相親場面，你大概能夠從中提煉出一些實用的談話技巧吧。

分析三人的相親情景，不難看出，順勢追問是延伸話題的好方法。

學會「反問」，令話題得以持續

反問代表了質疑，大多數人在自己的觀點遭受質疑時，必然會出言解釋或辯駁。

前文提到了一種聊天技巧——順勢追問，順勢追問的確很好用，可是如果你遇到的聊天對象沒有說出任何可以用來提問的內容，你該如何將話題繼續下去呢？

或許，這時候，你可以用「反問」達到持續話題的效果。

夏日聖誕節的「反問」，打開了聊天契機

休羽在歐洲留學，留學生宿舍裡住著來自不同國家的學生。

休羽有個來自澳洲的室友。剛開始，兩人幾乎零溝通。

後來，來自澳洲的同學經常會自製一些甜點分享給休羽，兩人逐漸熟絡起來，聊天的機會也很自然地變多了。

休羽不是很瞭解各國文化，聽澳洲同學談論到自己國家時，休羽不知道該說些什麼，聊著聊著，話題就進行不下去了。

聖誕節的時候，澳洲的同學說：「我們都是在夏天過耶誕節，這真是苦了那些做節日促銷的商家了。妳能想像嗎？促銷人員在三十度以上的高溫，穿著紅豔豔、毛茸茸的聖誕老人裝，賣力向路人宣傳，光看到他們那副模樣就覺得夠熱的了。」

休羽反問道：「難道你們沒有夏天版的聖誕裝嗎？」

澳洲同學說：「根據商家要求身著聖誕老人裝的促銷人員確實比較慘，不過大多數人會在過節時放棄傳統的聖誕裝扮，比如拒絕佩戴聖誕老人的大鬍子，又或者把紅色的長褲改成短褲，女孩們還可以戴著聖誕帽、穿著紅色比基尼去參加沙灘派對。」

休羽又反問道：「那麼聖誕晚餐也在沙灘上吃嗎？你們不覺得坐在沙灘上吃烤火雞會更熱嗎？」

澳洲同學哈哈大笑，解釋道：「澳洲的聖誕晚餐幾乎沒有火雞，大家會用冷盤、乳酪、冷沙拉及大蝦來代替火雞。」

休羽繼續反問：「聖誕節沒有火雞，也沒有大雪，你們不覺得節日氣氛不夠熱烈嗎？」

聽到這樣的問題，澳洲同學的聊天興致更高了，她說：「夏天是蔬果豐收的季節，有水果沙拉、蔬菜沙拉，還有繽紛的雞尾酒，誰會對火雞念念不忘呢？再說，沙灘上的比基尼美人和擁有六塊腹肌的年輕小子就夠看的了，就算沒有大雪，也不會覺得聖誕節很無聊。」

那天，休羽用反問激發了澳洲同學聊天的熱情，讓她能夠持續不斷把話題進行下去。聽了她的敘述，休羽瞭解了澳洲獨特的聖誕文化，而那位同學也因為可以暢所欲言地談論自己的家鄉而非常盡興。

可以說，那是一場愉快的聊天。

後來，休羽經常使用反問的方式使對方持續話題。她發現這個方法很有效，甚至比認同對方觀點更有效。

雖然人們在交談時會樂於回應自己得到的認同，但這時候的回應並非必要的。如果聊天時得到的不是認同，而是提問，給出回應就是必要的了。若提問變成了反問，回應就變得更有必要性，因為反問代表了質疑，大多數人在自己的觀點遭受質疑時，必然會做出解釋或辯駁。

所以，反問是引導對方將話題持續下去的有效方法。

令人愉悅的反問：說話經過大腦，不要有針對性

其實，在此之前，休羽不是很喜歡對人提出反問，她總覺得代表了質疑的反問容易誘發不快情緒。

這種擔憂不無道理。比如，當一個人告訴你「大家都說我長得很好看」，你反問：「你長得很好看嗎？」對方必然會產生不快情緒。

再比如，去一個地方旅行，當地人對你說：「我們這裡的人很好客，也非常注重禮儀。」你反問：「你們很好客嗎？這裡的人很重視禮儀？」

對方聽了這種反問，心裡應該會很不舒服吧。

反問的確容易導致不快，所以，想利用反問鼓勵對方持續話題，務必注意以下兩點。

一、你提出的反問不能帶有針對性。

在提出反問時，你應當確保你的反問不是以揭短或批判為目的。要做到這一點很簡單，如果對方在自誇，不要反問，否則必然會使對方感到不悅。

當然，如果你和聊天對象的關係非常親近，針對性的反問也可以成為一種調侃。比如與你相處了十幾年的好友對你說：「我最近瘦了很多。」你當然可以用反

問來跟他開個玩笑：「你瘦了嗎？」

可如果你與聊天對象的關係不夠親近，請不要在對方自誇時亂用反問調侃。

二、提出反問前，最好過一過大腦。

不經過大腦的反問很容易被聊天對象視為抬槓。

比如，有人跟你說：「我覺得女生穿白襯衫很好看。」你反問：「好看嗎？明明很呆板。」這句反問就有點抬槓意味了。

再比如，在人潮洶湧的候車室，朋友吐槽道：「人也太多了吧。」你硬要反問一句：「人多嗎？那邊明明空出好幾個座位。」這種反問聽起來也非常像在抬槓。

除非你對某人有偏見，才會在對方發言時，竭盡所能尋找對方邏輯上的錯誤，並用反問的方式跟對方唱反調。

假如，你只是想和對方進行一場正常的聊天，就不要動不動不經腦子地亂反問。因為你隨口而出的反問，很容易被對方理解為唱反調，這樣一來，聊天便沒辦法愉快地繼續下去了。

若你也想試試用反問的方式鼓勵對方持續話題，只需要注意以上兩點即可。你可以向休羽學習——提出反問時，語氣認真一些，讓對方感受到你是認真想探究，便不會引發不快情緒了。

及時轉換話題，改變「尬聊」僵局

轉換話題非常容易，在誤觸雷區或遇到爛話題時，將話題連接到另一個話題就可以了。

美璐養了十二年的狗死掉了。某日，她散步時遇到了狗友海珍。海珍很熱情地跟美璐打招呼，並問：「今天怎麼沒帶妳的狗狗出來？」聽到這問題，美璐幾乎要哭出來了。

海珍不是故意踩到美璐的聊天雷區，只是，海珍不知道對美璐來說，近期只要是與狗相關的話題都是她的地雷區。

在日常的閒聊中，觸及別人雷區的狀況可謂防不勝防。就算你知道，對大部分人來說，問人家「什麼時候生小孩」、「一個月賺多少錢」、「房屋貸款還有多少年」等會闖入聊天雷區，你也沒辦法百分之百保證自己不會誤觸。

像海珍這樣隨口提問都有可能觸及雷區，可見，要避開雷區真的不是很容易，大部分時候，不想觸雷就只能靠運氣了。

翰墨的提問把話題轉換到靖瑤怎樣安排閒暇時間上，如果話題能順利延展，兩人還可以聊聊關於興趣愛好等話題。

靖瑤說：「也不是，有時候我也會跟同事去逛街。」

翰墨說：「女生好像都喜歡逛街，妳們通常會逛什麼地方？」

表面看，這個提問是把話題轉換到逛街地點上，其實翰墨可以依據靖瑤給的答案瞭解她的消費觀。

結果，靖瑤說：「隨便逛，什麼地方都會去。」

翰墨又說：「那下班後逛街，不用回家吃飯嗎？妳爸媽肯定會打電話催妳吧？」這問題可以讓翰墨瞭解靖瑤是否仍然和父母住在一起。

雖然翰墨並不是很在意靖瑤是獨居還是與父母住在一起，但至少不斷轉換話題打破了「尬聊」的僵局。

如果能通過轉換話題引導對方談及自己想瞭解的事，那就再好不過了；要是達不到這種效果，起碼不會因為話題太難接而終止。

如果靖瑤一開始聊的不是偶像劇，而是足球，翰墨可能會很感興趣，那樣兩人就有得聊了。

可是，靖瑤不僅把男生不感興趣的偶像劇拿來當話題聊，還談論了那部劇糟糕的劇情，翰墨沒辦法往下接，所以他很聰明地轉換了話題。

之後，靖瑤又聊逛街的事，翰墨對逛街也提不起興趣，只好繼續換話題。

如果翰墨不會轉換話題，可能他和靖瑤第一次約會的氣氛就會很糟糕。

提出爛話題的靖瑤可能會得到翰墨敷衍的回應，那種感覺就像被人潑了一盆涼水，聊天的興致一下子就沒了。

聽爛話題的翰墨為了不讓靖瑤失望，將就話題強撐著聊下去，越聊越無趣，精神也越來越難集中，遲早要露出「我不想聽這些」的馬腳。

聊天時，無論你是提出爛話題的一方，還是聽到爛話題的那一方，都應該在爛話題出現的第一時間及時轉換話題。

作為爛話題的發起者，你可以興致勃勃地討論自己想說的事情，對方的心卻因為話題乏味而飛走了，發現對方走神的那一刻，你肯定會覺得很尷尬。

而作為爛話題的傾聽者，你要是勉強自己假裝對對方提出的話題很感興趣，隨著話題的深入，恐怕沒那麼容易對答如流，最終，話題突兀地中斷，大家都很尷尬。

及時轉換話題，就可以避免陷入「尬聊」的僵局。

轉換話題是非常容易掌握的聊天技巧，在爛話題出現的那一刻，像翰墨一樣將話題連接到另一個話題上就可以了。

作為爛話題的發起者，也不要糾結自己之前說過什麼。轉換話題時，對方的思路會隨著你的轉換很自然地進入下一個話題，他不會記得你曾經在某一次聊天時跟他聊過非常糟糕的話題。

而作為爛話題的傾聽者，聽到不想聽的話題，不用急著抗拒，只要你有心接下去，隨便找一點話題來「調包」，就能把對方帶出來了。

告別冷場，用「故事」增加話題深度

故事比一本正經、抽象的言語更具吸引力。

貶低別人，能提高自己的能見度？

在媽媽的逼迫下，松子一天之內相了兩次親。

上午見的男生姓陳，簡稱C君；下午見的男生姓周，簡稱Z君。

C君讓松子對相親感到失望透頂，要不是已經和Z君約好，松子絕不願意繼續相親。

情況是這樣的——

松子和C君漫步在林蔭道上。

C君說：「今天天氣不錯。」

松子應了一句：「是啊，風和日麗，挺舒服的。」

走了一小段路，松子看到不遠處有幾個男生在玩滑板，她不由得發出感嘆：「年輕真好，像我們這種年紀的人就不好意思在大街上玩滑板了。」

C君說：「他們水準那麼差，只不過是在譁眾取寵罷了。這些男孩子可不是真的喜歡玩滑板，他們是想吸引女孩子的注意。」

松子聽了C君的吐槽，覺得有點尷尬。她問道：「你不喜歡運動嗎？要知道，在女生眼中，愛運動的男人更有魅力。」

C君說：「我不是不喜歡運動，我只是不會在大街上進行自己不擅長的運動，用這種方法取得關注很蠢。」

松子覺得C君是個故作清高的人，這讓她有點不舒服，但約會才剛開始，她也不好意思隨便找個理由脫身，剛好看到街邊有一家霜淇淋店，於是她便提議去那家店裡坐坐。

松子和C君剛坐下來，聽到隔壁桌的哄笑聲，兩人同時扭頭，看到幾個女生圍著一個男人，他們正聊得火熱。

松子說：「那個男人一定很有幽默感。」

C君對此嗤之以鼻：「又是一個譁眾取寵的男人。」

松子感到有些無奈，在C君眼中，這個世界充滿了譁眾取寵的蠢人，松子想，既然C君有這樣的想法，那他自己一定很有趣吧。

松子耐著性子跟C君聊，可接下來的聊天內容甚是乏味。不管松子說什麼，C君似乎都不感興趣，最後，松子乾脆閉上嘴，她想聽聽C君會跟自己聊什麼，然而，松子安靜後，C君幾乎不再發言。

約會很快冷場，松子認為C君對自己沒有好感，於是打算起身告別，但她沒想到的是，C君忽然說：「我可以加妳臉書好友嗎？希望下次還能跟妳約會。」

松子說：「其實我不用臉書的。」

離開那家霜淇淋店後，松子就把C君的電話號碼封鎖了。

在松子看來，自己和C君都是普通人，但很顯然，C君不是這樣認為。他好像覺得其他人的品味都很差勁，而松子給了他展現自我的機會，但他又聊不出什麼高明的見解來。

說實在的，C君這類人的社交能力很低，還比不上願意「譁眾取寵」的人。

故事讓言語變具體，自然提升言談魅力

因為C君，在跟Z君見面之前，松子做好了失望的準備。

松子和Z君在一家咖啡廳見面。他們在臨窗的位子坐了下來，窗外有人牽著一隻雪白的薩摩耶犬走過。

Z君順勢問松子：「喜歡狗嗎？」

松子說：「喜歡，但是因為每天要上班，沒有時間照顧寵物，所以我沒有養狗。」

Z君說：「是的，忙碌的上班族不適合養狗。有責任感的人在決定養狗的時候都會考慮自己有沒有能力照顧牠，看來，妳是有責任感的人。」

松子笑了笑，沒說話。

短暫的停頓後，Z君又說：「我的時間倒還算充裕，所以我養了一隻狗。這隻狗是撿來的，也是一隻薩摩耶，現在四歲了。把牠撿回來的時候，牠只有八公斤重，薩摩耶是大型犬，一隻八公斤的大型犬有多瘦，妳可以想像。當時，我感覺牠就快要死了，牠獨自躺在垃圾堆旁邊，身上的毛幾乎掉光了，全身長滿了瘡。我注視著牠，牠的眼神似乎在向我求救，我脫下外套，把牠包住，帶回家精心照料了一週，牠的狀況才漸漸好了起來。現在，牠健康得很，就像剛才窗外經過的那隻狗一樣，全身的毛如雪白，我給妳看牠的照片。」

說著，Z君拿出了手機，讓松子看狗的照片。

松子看到照片，忍不住讚嘆起來：「牠好漂亮，一點都看不出牠曾經是一隻流浪狗，幸好你收養了牠。」

這時，松子對Z君已經產生了好感，聽Z君講述了關於狗的故事，松子認為Z君是個負責任且有愛心的男人。

Z君笑道：「是啊，牠個頭很大，全身都是白色的毛，像一隻北極熊。對了，說到北極熊，我去年有幸跟朋友去北極見到了真正的北極熊，那種感覺真是超級棒！妳知道嗎？北極熊的毛其實是透明的，牠們的毛是一根根中空而透明的小管子，這些小管子在陽光的照射下會變成金黃色，陰天的時候，毛管對光的折射和反射會比較少，所以，人們就看到了白色的北極熊。雖然只能遠遠眺望牠們，但那種激動的心情是難以言喻的。可惜的是，那次在北極待的時間不長，本來打算看看極光的，結果因為臨時有事要處理就提前離開了，接著去了巴黎，也就沒有看到極光了。」

聽了這段敘述，松子對Z君的好感升級了。她想，Z君經常出國嗎？他不僅去了北極，還去了巴黎，他去巴黎做什麼？他是不是會說法語？

不過，松子沒有直接把疑問說出來，只是問了一句：「你的工作時間不是固定的嗎？怎麼有時間到處跑？」

Z君說：「我每年只需要抽半年時間工作就夠了，可能我擁有的自由支配時間比普通人的多一些。只是最近比較忙，表姐開了家音樂學校，還沒有請到教小提琴的老師，暫時只能由我去代課了，所以今天不能陪妳太久。」

在見到Z君之前，松子本來打算敷衍一下就走，但沒想到當Z君說他不能陪她太久，松子竟然感到有點失落。

松子看了一眼牆上的掛鐘，發現已經過去一個小時，她以為自己只跟Z君聊了十幾分鐘而已。

雖然，松子與Z君是第一次見面，但聊天氛圍非常好，自始至終沒有出現冷場的狀況，松子認為是Z君的故事起了作用。

松子不僅通過Z君的故事感受到Z君的善良與愛心，還瞭解到Z君是個有才華且有財力的男人，他可以滿世界跑，還會拉小提琴。這個男人的確很不錯，至少他把那些故事講得繪聲繪色，不讓談天變得無聊乏味。

看來會講故事的人的確比什麼都不肯聊的人更有魅力。

從松子和Z君的對話中可以看出，Z君似乎在故意博取松子的好感，至於Z君是否真如松子想像中那麼優秀，那就要靠松子自己想辦法去驗證了。

聰明的你要是願意認真揣摩C君和松子的對話，一定會發現，其實C君也想贏得松子的好感。他一味吐槽別人層次低，無非是想表明自己比那些人更有品味，而他又無法通過具體方式來展現自己的層次，就弄巧成拙成為只會吐槽的人了。

如果Z君在聊天的過程中直接上演「老王賣瓜，自賣自誇」那一套，雖然也有可能因為自信而贏得松子的好感，但比起空洞的自誇，故事更容易讓松子留下深刻印象。

故事比一本正經的言語更具吸引力。人們聽到故事的時候會根據描述的場景想像出一幅畫面，而人們在聽到一堆空洞的詞句，卻很難根據抽象的言語想像出畫面，那些詞句就只能化為左耳進右耳出的廢話了。

用故事增加話題的深度，比直接說抽象的言語要管用得多了。

你學會了嗎？

應景的幽默，是對話中的「彩蛋」

幽默不一定能對整場溝通產生實際意義，但有了它，會讓對方心情愉悅。

渾然天成的幽默VS硬背笑話的幽默

沒有人會拒絕跟一個有幽默感的人聊天。

比克也一樣，他最喜歡跟阿瓜聊天，因為阿瓜是一個有幽默感的人。

好幾年前的一個下午，比克心情很糟，阿瓜找他聊天，他不想搭理阿瓜，便敷衍道：「別理我，我想靜靜。」

阿瓜故意做出恍然大悟的樣子。「原來你喜歡的女生叫靜靜啊。」

那時候，這個冷笑話還沒有流行起來，比克第一次聽到這個笑話，當時就笑了，心情也好了一點。

除了利用幽默感安慰別人，阿瓜還特別會用幽默感調節氣氛。

有一次，比克、阿瓜跟一大堆朋友去野餐，去之前大家已經分配好每個人要帶的東西，阿瓜應該帶紙巾和水果。

結果，阿瓜只帶了水果，沒帶紙巾。

這本來是一件小事，但有個喜歡抱怨的女生埋怨起阿瓜：「你記性怎麼那麼差？你應該提前記下自己要帶什麼東西的。」

阿瓜立刻向大家道歉，可那個女生還是繼續抱怨：「我從來沒有見過記性像你這麼差的人，只讓你帶兩樣東西，你都記不住。」

阿瓜無奈地笑了笑。「這大概是因為我是屬魚的吧。」

大家聽了這話，一頭霧水，有人問道：「十二生肖中有魚嗎？屬魚跟記性差有什麼關係？」

阿瓜說：「難道你沒聽過？魚的記憶只有七秒。」

這個冷笑話讓一部分的人笑了起來，阿瓜又煞有介事地問道：「對了，剛才你們在聊什麼？」

這時，所有人都笑了起來，尷尬的氣氛立即緩解。

比克很羨慕阿瓜的幽默。

有一回，阿瓜在朋友圈發了一張自拍照，其中一個朋友給出了不太友好的評價：「手機畫素好像不怎麼樣，拍出來的照片模模糊糊的。」

阿瓜回應道：「錢鍾書說過，對於醜人，細看是一種殘忍。為了不讓你們對我太殘忍，我只好把照片拍得糊一點，這樣你們就沒辦法細看我了。」

阿瓜用一句幽默的話化解了不太友好的留言可能引發的尷尬，比克覺得這真的超級厲害。

見識了幽默感的「威力」，比克便開始努力培養自己的幽默感，為此，他把自己在網路上搜索到的一百多個冷笑話都背了下來。

有一天，比克陪堂姐去逛街，沒想到堂姐叫上了她的閨密，兩個人一邊逛一邊討論怎樣減肥。

堂姐說：「我真的應該好好減肥了，妳看我身上這條裙子，去年穿的時候還很寬鬆，今年再穿，竟然有點緊。」

堂姐的閨密說：「我還不是一樣！去年買的牛仔褲，昨天拿出來穿，緊得都快把我勒死了。」

比克立刻想到了自己背過的一個冷笑話，生怕過一會兒忘記，趕緊打斷堂姐和她閨密的話，對她們說：「妳們知道為什麼蜘蛛人要穿緊身衣嗎？」

堂姐和閨密搖搖頭。

比克說：「因為救人要緊啊。」

這個冷笑話沒讓堂姐和她的閨密笑起來，反倒把氣氛搞冷了。

比克不知道為什麼自己的幽默感不管用。不過，他沒有因為一次的失敗就灰心，之後他又背了更多冷笑話，經常拿出來講，可是十次至少有七次會冷場。

自嘲是最容易「上手」，也最「安全」的幽默

其實，聊天的時候，表現幽默感不是重點，把握主要話題才是聊天的重點，但幽默感的確能夠起到畫龍點睛、錦上添花的效果。

看電影時，有些人會一直坐到字幕播放完畢，「彩蛋」出現，把「彩蛋」看完才滿足。

如果把聊天比作電影，應景的幽默應算是「彩蛋」。幽默不一定能對整場溝通產生實際意義，你可以忽略它，但有了它，會更容易讓聊天對象感到心情愉悅。

看電影時，喜歡等「彩蛋」的觀眾一定會發現，「彩蛋」和電影本身的劇情是有關聯的。如果電影結束了，你看到的「彩蛋」和電影沒有一點關聯，大概會覺得這個「彩蛋」來得莫名其妙吧？

聊天也一樣。在跟人聊天時，硬生生把自己提前背好的笑話加進去，對方若肯捧場，最多也只是露出一個敷衍的笑容罷了，這未免有些尷尬。

所以，幽默感和直接背笑話是兩碼子事。

如果你想用背的笑話逗人發笑，首先你得確保你背的那個笑話是應景的。

比如，有個冷笑話是這樣的：「姍姍是個特別喜歡遲到的女生，因為——姍姍來遲。」這個笑話可以在自己遲到時用來自嘲，但將它稍微改變一下：「對不起，我又遲到了，可能我的小名叫姍姍吧。」

雖然這也算是在背現成的笑話，但它是應景的，不會給人特別突兀的感覺。

阿瓜比比克幽默，並不是因為他很會背冷笑話，而是因為他的幽默是應景的幽默。

比克心情不好，說自己想靜靜，阿瓜就順著比克的話往下說：「原來你喜歡的女生叫靜靜啊。」這種幽默來得很自然。

反之，比克在堂姐和她的閨密抱怨衣服變緊時，突然扯出一個蜘蛛人穿緊身衣的冷笑話，雖然這個冷笑話跟兩個女生討論的話題相關，但這兩個話題不能達成完美的「無縫銜接」，就很難獲得期待的效果。

為什麼應景的幽默比背現成的笑話要好得多？

理解這一點並不困難。試想一下，你和朋友坐在火車上，朋友從包裡拿出了零食和水果跟你分享，你卻忽然不知道從什麼地方端來火鍋，要跟大家一起吃，就算你的火鍋再好吃，別人也會覺得很奇怪吧？

應景的幽默就是朋友拿出來的零食和水果，背現成的笑話就是在火車上請人吃火鍋。大家肯定比較樂於接受零食和水果，而對於吃火鍋的盛情邀請就不知是該拒絕或給個面子尷尬地接受了。

如果你不希望你的熱情被人當成莫名其妙的突發狀況看待，就別硬生生背現成的笑話來表現幽默感。

若你有心提升自己的幽默感，可以試著從自嘲開始，因為自嘲是最容易「上手」，也最「安全」的幽默，且極其容易應景——你只需要根據對方的批評適當抹黑自己就好了。

因為有「過程」，讓「階段式說服」更容易被人接受

「階段式說服」容易讓人接受的原因在於，它不容易讓人產生牴觸情緒。

魚與熊掌可以兼得？

小斯打算把房子賣掉，再把工作七年攢下的積蓄全取出來，用這些錢去環遊世界，小斯把這個想法告訴了幾位好友。

大喜第一個跳出來反對，她說：「這麼做太不明智了，你難道沒有考慮後果嗎？你真是太幼稚了！」

小斯立刻辯駁：「我不覺得很幼稚，人生短暫，難道不應該趁年輕努力實現自己的夢想嗎？」

這時候，密莉提出了一個疑問：「環遊世界要用的時間可不短，你請得了這麼長的假嗎？公司可不會空著一個職位，等你玩夠了回來。」

小斯擺出一副不以為意的樣子，道：「我可以辭職啊！反正這只是一份朝九晚五的普通工作，日復一日做一些無聊的事，根本沒什麼前途可言。為了它耽誤自己的夢想，實在不值得。」

見大家的勸解不奏效，艾莫忍不住插嘴了：「辭職環遊世界是很酷，可是你想過沒有？旅行結束了，你最終還是得回來，回到這裡，房子沒了，工作也沒了，離開職場好幾年，尋找下一份工作的難度會很大，而你把所有積蓄都花光了，到那時你總不能靠父母的接濟過日子吧？你爸媽的年齡可不小了，難道你想讓他們為你操心嗎？」

艾莫的話很有道理，小斯似乎有一點動搖了，不過，短暫的沉默後，他又重燃了辯駁的鬥志：「我幹嘛要想那麼多，想那麼遠？我只知道現在我想環遊世界，而且我可以實現這個夢想，為什麼要為了所謂的現實放棄它？」

看來，小斯鐵了心要去環遊世界了。

傑里不願意看朋友做出太偏執的事，他想了一下，對小斯說：「你要環遊世界，我有更好的方法，何必要為了這點事又賣房又辭職，還要害得兩位老人家為你擔心？」

小斯立刻問：「什麼方法？」

傑里反問：「你每年不是都有長假嗎？所以，幹嘛要為了環遊世界辭職？」

小斯覺得傑里說得有道理，但他又提出了新的問題：「現在時間的問題解決了，錢的問題還沒解決呢。」

傑里不緊不慢地說：「錢的問題是最容易解決的了。好好工作，老闆會給你加薪，然後，你還可以再找一份兼職，多賺一點錢，一年只需要攢個幾萬塊就可以趁長假的時候出去一趟，十幾年下來不就把世界遊個遍了嗎？」

小斯說：「那我還是得把房子賣了吧。就算再找一份兼職，收入多起來了，我還得還房貸，一年哪攢得下幾萬塊？」

傑里忍不住拍了小斯一把，斥道：「你怎麼那麼笨！幹嘛一根筋非要賣房啊？你可以搬回父母家先住著，把房子租出去，房租就夠你還房貸了啊！」

小斯想了一下，忽然一拍大腿，同意了。「這樣好像很不錯啊。」

最後，小斯不僅沒有賣房，也沒有辭職，工作還更努力了，又通過兼職學到了新的技能，整個人的狀態越來越好。

不能說這一切都應當歸功於傑里，但小斯的確因為他的說服做出了更明智的選擇。

其實，環遊世界不是什麼壞事，沒什麼值得勸解的，大家之所以想說服小斯放棄環遊世界的念頭，是因為所有人都知道以小斯現在的條件，賣房辭職去環遊世界很不實際。

小斯做出這種不現實的決定，肯定不是因為如大喜所說，沒有考慮過後果。在做決定之前，小斯百分之百想過後果，他之所以沒當回事，是因為他認為為了環遊世界做出一些犧牲是值得的。

大喜的反對、密莉的質疑和艾莫講的道理，都是在提醒小斯要注意後果。若他真的不敢接受後果，早就進行自我否定了。

可是，即便小斯願意為了環遊世界而接受各種後果，如果有一種方法可以避免承擔糟糕的後果，又能實現環遊世界的夢想，小斯肯定會接受，畢竟在魚與熊掌可以兼得的情況下，任何人都會選擇兼得。

所以，傑里就提出了一個魚與熊掌兼得的方法，用這個方法說服小斯放棄為了環遊世界而辭職、賣房的念頭。

「階段式說服」不容易讓人產生牴觸，成功率較高

其實，認真分析，你會發現傑里的方法並不高明，小斯自己肯定也想得到，但

是為什麼這個方法由傑里提出後，他會對其大加讚賞呢？

原因就在於大喜、密莉、艾莫的說服太激烈，他們站到了小斯的對立面，小斯不會去思考他們的觀點是否正確，而會急切地去抵抗這些觀點。

當小斯抵抗大喜、密莉、艾莫的說服時，會進一步肯定自己原本持有的觀點，他陷入了固執己見的狀態中。

相較之下，傑里的說服卻沒那麼激烈。他首先說服小斯利用長假旅行，這個觀點比較容易被接受；待小斯接受了這一點，他又提出做兼職增加收入，解決錢的問題，這一點聽起來，也比較好接受；接下來，傑里就開始說服小斯不要賣房子了。最終，小斯接受了傑里的三個觀點，其實這三個觀點合起來，跟大喜、密莉、艾莫的觀點一樣：可以環遊世界，但不要為了環遊世界而辭職、賣房。

每個人在接納與自己不同的觀點時都需要一個過程，大喜、密莉與艾莫把過程省略了，要小斯直接接受他們的觀點，這樣做的成功率很低。

傑里用循序漸進的方法說服小斯，先從小斯比較容易接受的觀點開始，漸進說服小斯，給了小斯接受自己觀點的過程，效果就好得多了。

這種循序漸進的說服方法稱為「階段式說服」。

「階段式說服」更容易讓人接受的原因在於，它不容易讓人產生牴觸情緒，被說服的人不易產生牴觸情緒，也就不會固執己見了，更不會在內心強化自己原本持有的觀點。

「階段式說服」能夠讓固執己見的人放鬆情緒，在情緒鬆懈下來時，說服方就可以「乘虛而入」，進而成功說服對方了。

用具體事例說明道理，使聊天過程更豐滿

用具體事例引起對方的興趣，在對方注意力集中的狀態下以事例引出道理。

說道理的藝術

黛斯沉迷於社交媒體不可自拔，常常為了發一條看起來不錯的文大費周章。比如，黛斯經常會網購一些奢侈品，並認真為那些東西拍照片，然後把照片發到社交媒體上，再把買回來的東西全部退掉。再比如，黛斯會在睡前花兩個小時化妝，然後躺在床上，拍一張自詡素顏的晚安照，發到社交媒體上等別人按讚。

總之，黛斯願意在社交媒體上打造完美形象而消耗不計其數的時間和精力，但黛斯的男友於非卻認為這事兒得不償失。

有一次，於非和黛斯去旅行，黛斯為了拍一張完美的照片，竟然站到了山崖

邊，山崖下是奔騰的大海，當時風很大，黛斯的行為極其危險。

於非趕緊上前阻止，一把將黛斯拉到身邊，略生氣地質問：「妳怎麼能這樣？」

黛斯甩開於非的手，回到那個危險的位置，掏出了手機，一邊自拍一邊說：「要拍一張能得到大家按讚的照片沒你想像中那麼容易，只有站在這個地方，才能把最美的風景和自己一併拍下來！」

於非提心吊膽地看著黛斯把照片拍完，與此同時，他下定決心要跟黛斯就社交媒體的問題談一談。

回到飯店後，於非對黛斯說：「我覺得妳太沉迷於社交媒體了，今天為了拍一張照片，竟連性命都不顧。妳知道嗎？如果從那個山崖掉下去，百分之百會死！」

黛斯不以為然地敷衍道：「好了、好了，我現在不是沒事嗎？」說完，她還打開社交媒體讓於非看。「你看，這張照片得到了多少人的讚！這表明我為了它冒險是值得的。」

於非理解不了黛斯的邏輯，他繼續跟黛斯講道理：「我不覺得一張照片值得妳冒險。妳看看妳發在社交媒體上的那些照片，有多少能反映妳的真實生活？」

黛斯不耐煩地說：「知道了。你不就是覺得我虛榮嗎？」

於非不想惹黛斯生氣，他起身給黛斯倒了杯水，繼續耐心地對黛斯說：「我們難得出來玩，我希望這次旅行能讓妳留下美好的回憶，而不僅僅是一些可以發在社交媒體上的照片。明天不要帶手機出去，我們好好欣賞一下外面的風景，好嗎？」

黛斯一邊答應於非的要求，一邊忙著回覆社交媒體上的留言。

於非實在受不了了，他一把奪過黛斯的手機，嚴肅地對她說：「我在跟妳說話，妳能認真點嗎？妳真的不能再這樣下去了。」

黛斯見於非快要發火了，這才認真聽他說話。

於非說：「我覺得社交媒體只是用來與朋友分享自己生活狀態的，偶爾發文沒什麼問題，但要是把大量的時間都花在這上面，一定會錯過生活中許多真實的美好。」

黛斯點頭稱是。

於非又說：「熟悉妳的人難道不清楚妳的真實生活是什麼樣的嗎？這些人看到妳在網上炫耀，他們不會羡慕妳，反而會因為妳的虛榮而鄙夷。就算不熟悉妳的人會因為妳華麗的發文而羡慕妳，這對妳來說又有什麼意義呢？」

黛斯打著呵欠繼續點頭。

見黛斯沒有反駁，於非不厭其煩地講道理，講著講著，他發現黛斯竟然睡著了，看著黛斯熟睡的模樣，他哭笑不得。

第二天，於非把黛斯帶到海邊，兩人坐在清晨的海灘上。

於非說：「昨天我看到一條新聞，一個留學生因為沉迷社交媒體坐牢了。」

黛斯一聽到「社交媒體」就有點不耐煩，她回道：「你不要編瞎話騙我，怎麼可能因為沉迷社交媒體而坐牢？難道有哪條法律規定不能玩嗎？」

於非說：「我沒騙妳，這是真事。有個女孩很喜歡玩社交媒體，也跟妳一樣，希望每一條發文都能得到別人按讚。出國留學後，她結交了一些富有的朋友，有一次，她無意間坐在朋友的豪車上拍了一張照片，並把這照片發到了網路，短短十幾分鐘就收到了幾十個讚，還有朋友表示羨慕，因為大家以為那輛車是她的。」

黛斯好奇地問：「就算這樣，也不至於坐牢啊！」

於非說：「她當然不是因為這件事入獄，精彩的故事在後面呢！」

黛斯纏著於非把故事講完，這正合於非的心意，他慢條斯理地道：「曬豪車得到了許多人的羨慕，這比努力學習獲得高學位、通過自己的奮鬥成為真正令人羨慕的有錢人來得容易，所以，那個女孩炫富上癮了。她去朋友家作客時記住了密碼鎖的密碼，朋友出去旅行時，她偷偷闖入那位朋友家，並在別人家裡拍了很多照片，一副她才是豪宅主人的樣子，然後把那些照片發到了社交媒體上，順利得到了讚。不過好景不長，照片很快就被豪宅主人看到了，那個人告她私闖民宅，最後，她因此入獄。」

黛斯聽完若有所思，但很快她就為自己辯解：「我是喜歡炫富，不過膽子沒她大，不會做出這種事來。」

於非說：「她也沒想到自己敢做這種事，如果曬豪車的那張照片沒有獲得那麼多讚，她的虛榮心沒有得到滿足，可能就不會得寸進尺吧。所以有時候我挺擔心妳獲讚太多，會令妳越發沉迷，不知不覺犯下不可挽回的錯誤。」

這回，黛斯不說話了。

於非又說：「之前我還看過另一則關於社交媒體的新聞。那個女孩和妳一樣，為了拍一張漂亮的自拍照站在風特別大的山崖邊，後來，從山崖上掉了下去，在重症加護病房住了幾個月。醫生說，在這種情況下十個有九個會死，一個會是重傷，那女孩沒死，算是不幸中的大幸。不過，從那以後，她再也沒有玩過社交媒體。我實在不希望發生不可挽回的事之後妳才能明白，為了發一張好看的照片，冒生命危險是不值得的。」

黛斯依然沒說話，但看她的表情，於非知道她把道理都聽進去了。

於非在心底感慨，看來，乾巴巴的道理的確很難讓人接受，用具體事例來說明道理，效果就好多了，至少聽的人不會因為道理乏味而睡著。

用具體事例引起興趣，讓對方注意力集中

在生活中我們經常會遇到一些「好為人師」的人，他們喜歡把自己的觀點強加到別人身上，喜歡以經驗服人。「好為人師」之所以令人討厭，是因為每個人的人生經歷不同，對待人或事的看法也不一樣，自己受用的道理未必適用於他人。一個人若「好為人師」免不了會否定他人，抬高自己，所以才被許多人反感。

其實，「好為人師」不應該被看作一種惡習，中國有句古話：「不聽老人言，吃虧在眼前。」這句話的意思是，若有幸得到前輩的指導，理應虛心聽取，否則無法有效規避錯誤發生。

喜歡跟人講道理的人大可不必把「好為人師」當成需要改正的缺點，但要注意的是，在與他人分享道理時，不要把聊天當成講課，別只會傳授乾巴巴的道理，即使這麼做未必會引起對方反感，也會讓聽道理的人覺得非常枯燥乏味。

希望對方接受你的道理，不妨先用具體事例引起對方的興趣，在對方注意力集中的狀態下以事例引出道理，不僅更容易達到傳授道理的目的，也可以使聊天過程豐滿起來。

巧妙提問，讓別人把你的觀點當成自己的去接受

用提問的方式傳遞觀點，不僅能在聊天中佔有優勢，更能令對方自然而然地接受你的觀點。

銷售之道在「提問」

林殊開了家寵物用品店，生意好得不得了。

明媚是林殊的好友，見林殊的寵物用品店生意不錯，自己也開了一家同樣的店。

幾個月後，明媚找林殊訴苦：「我的生意太差了，我們賣的都是同一個品牌的貨，為什麼妳的東西就是比我的好賣？」

林殊說：「我的顧客願意接受我的推薦，所以生意還不錯啦。」

明媚嘆了口氣，道：「怎麼我的顧客就不願意接受我推薦的東西呢？」

林殊笑說：「妳說說看，妳是怎樣推薦產品的？」

明媚說：「其實，很多顧客根本不懂寵物用品。比如，有些顧客喜歡濃香沐浴精，他們覺得濃郁的香味才能遮蓋寵物身上的體味，這時，我會告訴他們，我不賣濃香沐浴精，因為淡香型的沐浴精才更適合寵物，對狗而言更是如此，濃香沐浴精會影響狗的嗅覺。我的觀點沒錯，但他們就是不聽我的！」

林殊說：「妳認為妳的觀點是對的，可顧客不這麼認為啊！在他們看來，妳不過是個寵物用品店的老闆，又不是什麼權威人士，他們肯定不會那麼容易接受妳的觀點。再說，大部分顧客都覺得無論妳說什麼，都只是希望能把商品推銷出去，自然會一意孤行，相信自己的判斷。」

明媚抱怨：「可我說的是對的，他們就該聽我的，這方面我比他們專業得多。」

林殊又笑了。「看來，平時妳就是抱著這種態度去跟客人溝通的，難怪人家不肯買妳的東西。要知道，如果妳的態度是『我說的是對的，你應該聽我的』，那妳的溝通一定會失敗。」

明媚不明所以地問：「那我該怎麼辦？」

林殊說：「要顧客接受妳的觀點再簡單不過，妳只要對他們提問就好了。」

「提問？」明媚更加不解了，「提問有什麼用？」

這時有顧客走進了林殊的店，林殊只好對明媚說：「待會兒再聊，我要去招呼顧客了。」

明媚只能先坐下來，耐心等待。

顧客問林殊：「妳這裡有寵物鈣片嗎？我想給我家的狗買一瓶。」

林殊問：「請問您家的狗挑食嗎？」

顧客說：「比較挑食。」

林殊說：「那我不建議您購買鈣片，建議您用寵物奶粉來給狗補鈣。」

顧客看了林殊遞上來的寵物奶粉一眼，說：「一瓶鈣片幾十塊錢，夠吃好長時間，這奶粉那麼貴，看起來也吃不了多久，我覺得還是鈣片實惠。給我拿鈣片吧，我把鈣片拌到狗糧裡讓牠吃就行了。」

林殊說：「之前有顧客跟我反映把鈣片拌到狗糧裡，狗還是能聞得出來，連狗糧都不吃，買回家的鈣片放到過期只能扔掉。您不覺得花幾十塊錢買一瓶會被丟掉的鈣片比花雙倍的錢買一罐能被狗接受的奶粉更浪費嗎？」

顧客想了想，說：「那倒也是，可是這個奶粉真的太貴了。」

林殊笑了：「算下來其實不貴，如果不給狗及時補鈣，狗不僅牙齒會出問題，還容易有口臭的毛病，關節和骨骼也會壞掉，您肯定捨不得自己的狗受這些罪吧？再說，如果缺鈣的問題嚴重，還得帶狗去動物醫院強制補鈣，到時候花費更多，您也知道寵物醫院收費有多貴吧？」

林姝這麼一問，顧客立刻做了決定：「好吧，幫我拿一罐奶粉。」

顧客結帳的時候，林姝又說：「我們店剛到了一種特別吸水的寵物尿片，您要不要看看？」

顧客說：「我家的狗從來不用尿片，直接在地上大小便，隨便處理一下就好了。再說了，用尿片不也要收拾嗎？」

林姝說：「清理狗的大小便是一件很麻煩的事，而且每次清理完都要拖好幾次地，有時還未必能達到除味的效果。有時朋友登門拜訪，聞到難聞的氣味，您肯定覺得很尷尬吧？」

顧客點點頭，隨即問道：「用寵物尿片就不會這樣了嗎？」

林姝說：「是啊，尿片吸水性很強，可以避免狗的尿液污染地板。而且狗大小便後，你只要拉住尿片的四個角包裹住狗的排泄物，直接扔到垃圾袋裡就行了，非常方便。這樣就能省下很多時間，您也不用再為家裡狗尿味太濃而煩惱了，不是嗎？」

顧客再次點頭，並接受了寵物尿片。

那位顧客離開後，明媚臉上露出豁然開朗的神情，她對林姝說：「我明白了。

妳是用提問的方式讓顧客把妳的觀點當成他們自己的觀點去接受，對嗎？」

林殊調侃道：「以前怎麼沒發現妳這麼聰明？」她緊接著又說：「就拿剛才妳談到的沐浴精來說，如果顧客不喜歡淡香型沐浴精，妳就問他『難道你願意為了聞到狗身上散發出來的香氣，而用濃香型沐浴精損傷牠的嗅覺嗎？』聽你這麼問，顧客自然會選淡香型沐浴精，這不就把妳的觀點當自己的觀點接受了嗎？」

明媚不由得感嘆道：「妳真厲害，問幾個問題就讓顧客接受妳的意見了。」

「當然，問問題的方法不僅僅有反問。」林殊繼續補充道，「如果顧客要妳推薦優質的沐浴精，妳也可以問他：『你認為好的沐浴精應該擁有哪些特點？』根據顧客自己說出來的特點為他推薦產品，就更容易合他的心意了。如果顧客說不出自己喜歡哪種沐浴精，妳可以問他：『你喜歡亮毛型的還是強力清潔型的？』總之，提的問題越多，妳的觀點越容易被接受。」

聽了這番話，明媚心裡有了譜，之後，她把問問題的方法運用到推銷中，店裡的生意果然好了起來。

運用暗示提問法與暢談提問法，讓你的觀點容易被人接受

當你想把自己的觀點傳遞給聊天對象時，應當記住林殊對明媚說的那句話：「如果妳的態度是『我說的是對的，你應該聽我的』，那妳的溝通一定會失敗。」用提問的方式傳遞觀點，不僅能在聊天中佔有優勢，更能令對方自然而然地接受你的觀點。

我們把傳遞觀點可以採用的提問方法粗略分為兩種。

第一種是暗示提問法。

林殊讓明媚問購買沐浴精的顧客：「難道你願意為了聞到狗身上散發出來的香氣，而用濃香型沐浴精損傷牠的嗅覺嗎？」

這個問題其實是一種暗示，暗示對方濃香型沐浴液是錯誤的選擇。愛狗人士一定不希望狗因為自己選錯產品而受到傷害，於是便會認同明媚的推薦，並認為明媚的觀點就是自己的觀點。

第二種是暢談提問法。

林殊讓明媚問購買沐浴精的顧客：「你認為好的沐浴精應該擁有哪些特點？」或「你喜歡亮毛型的還是強力清潔型的？」

這個問題能讓對方說出自己的觀點，之後，無論明媚給出怎樣的建議，顧客都會認為明媚的觀點是以自己的觀點為基礎出發，也就更容易接受明媚的建議了。

以上兩種提問方法都可以達到讓聊天對象把你的觀點當成自己觀點來接受的目的。

使用暗示提問法的訣竅在於，說出對方原有觀點的缺陷，暗示對方否認原有觀點。

使用暢談提問法的訣竅在於，問出對方的觀點，以便提出自己觀點時能「對症下藥」。

掌握了這兩種提問法，你的觀點就很容易被人接受了。

第五章

掌控了情緒，就擁有了話語權

前言

你思考過「什麼樣的人善於與人溝通」嗎？

對於這個問題，大多數人給出的答案是這樣的：情商高的人善於與人溝通。這個答案合乎情理。

但若就這個答案衍生新的問題——「什麼樣的人是情商高的人？」得到的答案就千差萬別了。

無論是在日常生活中，還是在網路上，搜集關於情商高的標籤，得到的結果大多數與「圓滑」、「世故」、「會討好人」、「懂事」相關。

也就是說，大多數的人認為，能照顧好他人情緒的人就是情商高的人。

其實，照顧他人的情緒只是情商高的一種表現，真正高情商的人不僅能照顧他人的情緒，還能掌控自己的情緒。

情商高的人的確善於與人溝通，其中一個原因正是他們懂得照顧他人情緒，更重要的原因則是他們能掌控自我情緒。

掌控不了自己的情緒，就沒有話語權。

如果你無法管理自己的情緒，你的情緒就會被他人左右，你也就無法按照自己的思路發言了。

保持情緒鎮定，才能掌握先機

你不發洩情緒，就不容易激發對方情緒。

為何吵架時無法流暢地表達內心的想法？

相信很多人都有這樣的經驗：與人爭吵後，越想越氣，回顧自己爭吵時的表現，總覺得有諸多不足之處，非常後悔沒能在爭吵時從容不迫地表達內心想法，沒把最該講的道理講出來。如果因此輸給了「對手」，內心就更感不快了。

為什麼人們在吵架的時候無法流暢地表達內心的想法，明知自己佔理，卻說不出理來呢？

這是因為吵架與講理不同，吵架不在於闡述道理，而在於發洩情緒。

當事人內心積攢了需要發洩的情緒，無法保持鎮定，一方面顧不上說理，只管不停說話來發洩，不管自己的話在不在理；另一方面，人在情緒不穩定的狀態下，思緒往往是混亂的，做不到以理服人。

爭吵過後，情緒平復，頭腦回歸清醒狀態，自然能理清思路，找出爭吵時對方言語上的「漏洞」，進而針對「漏洞」想出應對之詞了。

可惜的是，爭吵已經過去了，你想出的應對之詞再怎麼有理，也沒有機會講出來了。

可見，保持鎮定，才能把握先機，才能說出令人信服的話來。

當然，吵架這種溝通方式並不值得推崇，但大多數吵架都是無法通過說理的方式解決問題導致的。

不想與人爭吵，就更應當在正常溝通中自然流暢地闡述個人觀點。你不發洩情緒，就不容易激發對方的負面情緒；你就事論事，對方也不會避實就虛。想達到這樣的溝通效果，前提就是保持情緒鎮定。

鎮定，鎮定，再鎮定

雖然亦揚很愛女友木顏，但他卻特別怕跟木顏聊天，因為，兩人的聊天幾乎都會演變為爭吵。隨便舉幾個例子，你就會發現，亦揚的苦惱絕不是空穴來風。

如果亦揚對木顏說：「妳別熬夜追劇啦，對身體不好。」

木顏會說：「熬夜總比抽菸強！你怎不說抽菸對身體不好呢？」

如果亦揚對木顏說：「妳少吃點零食，那些都是垃圾食品。」

木顏會說：「誰說零食都是垃圾食品，多得是健康零食，可那些東西賣得貴啊！你怎麼不怪自己賺錢少，你多給我點零用錢，我不就能買健康零食了嗎？」

如果亦揚對木顏說：「妳成天玩手機，不怕眼睛壞了嗎？」

木顏會說：「你這人就是心胸狹窄，不就是怕我跟別的男生聊天嗎？幹嘛拿眼睛說事兒？」

總之，只要亦揚對木顏提意見，木顏必然會把問題扯到亦揚頭上去。發生這種情況時，亦揚要嘛啞口無言，要嘛立刻反駁木顏，繼而引發一場爭吵。

剛開始，亦揚的反駁多過沉默，到後來，亦揚的沉默多過於反駁，哪怕沉默不能解決問題，亦揚也全然不在乎了，因為他認為只要兩人不吵架，問題是否得以解決根本不重要了。

但有一次，亦揚真的被木顏激怒了。

木顏跟朋友在外面玩到深夜一點多才回家。

亦揚給她打了幾個電話都沒有打通，他心急如焚，擔心木顏出事，在家裡坐立不安，就差要去報警了。

最後，木顏帶著一身酒氣回來了，亦揚一邊幫她準備解酒的西瓜汁，一邊對她說：「妳今天回來得也太晚了，我都快急死了，生怕妳出事。」

木顏大大咧咧地回應道：「我能出什麼事？這不是好好地回來了嗎？」

亦揚說：「下次千萬不要這樣了，那麼晚，女孩子在外很不安全。打電話給妳又不接，我都快急瘋了。前段時間有一則新聞，一個女孩在異地旅行，淩晨三點去吃燒烤，最後被醉漢給打了，那女孩都破相了。妳說，要是那女孩有點安全意識，能吃這虧嗎？」

木顏一下子就火了。「你的意思是，女孩被打，不應該怪醉漢，應該怪她沒有安全意識嗎？」

亦揚也生氣了。「我跟妳說東，妳扯西，為什麼每次都這樣？我提醒妳有點安全意識不對嗎？妳怎麼老是聽不懂我說的話！」

聽了亦揚的話，木顏更火大了。「是是是，我聽不懂你說的話，那你找個聽得懂你話的人當女朋友不就好了？」

這一次，亦揚沒有選擇沉默，他氣急敗壞地數落起木顏：「妳怎麼這樣好歹不分？我哪一次給妳提建議不是為了妳好？妳倒好，反過來指責我，那我不要管妳就行了，是吧？只要妳說『是』，我以後絕對不管妳！」

木顏跟亦揚賭氣，於是順著亦揚的話說下去：「是，我就是不要你管我！」

亦揚不再說話了，他把木顏抱到床上，自己拿了被子到沙發上睡覺了。

經過了一夜的思考，亦揚覺得這樣下去不行，作為木顏的男友，不能不給她提意見，但每次提意見，木顏都會避開主題，扯出他的毛病來。

其實木顏的指責沒有問題，只是，亦揚覺得兩件事真不能放到一塊說，要不然根本說不清。

亦揚還發現自己無法反駁木顏的原因是，被木顏一說，自己的脾氣馬上就上來了，很難保持情緒鎮定，所以壓根想不到反駁之詞，一張口只顧著頂回去，都忘了自己要講的道理了。

要說服木顏，其實不難，每次冷靜下來後，亦揚都能找到說服木顏的方法。

亦揚就當天的事做了個總結，並想好該怎樣跟木顏談安全意識的問題。與此同時，他提醒自己，跟木顏聊這件事的時候，千萬要保持鎮定！

次日清晨，亦揚對木顏說：「我覺得妳應該要有點安全意識。」

經過一個晚上，木顏的氣本來已經消了，聽到亦揚「炒冷飯」，火又上來了，她故技重施，把問題扯到了亦揚身上。「你說我回來得晚，我回來得早有什麼用？你還不是對著電腦玩遊戲，根本不理我，我還不如在外面玩呢。」

平時，木顏這麼做，亦揚都會控制不住情緒，立刻跟她吵起來，又或者為了壓制情緒，保持沉默，獨自走開。

這一次，亦揚很鎮定。「一碼歸一碼，等一下再說我的事，我知道我這麼做不對，但現在聊的是妳沒有安全意識的問題。」

這麼一說，話題很快又回到木顏身上。

木顏說：「這個話題昨天我們就談過了，你認為女孩被打，是因為她自身安全意識不足，我不這麼認為，你的那種說法特別不尊重女性！」

換作從前，亦揚一定會生氣，但為了說服木顏，他拚命地提醒自己要保持鎮定。

亦揚說：「我不認為女生被打應該怪女生，這跟要有安全意識是兩碼事，妳不能混為一談。」冷靜地反駁了木顏後，亦揚又說：「我很同情新聞中的那個受害者，也非常痛恨施暴者，但是，我覺得看了這則新聞的女生應該提醒自己，盡量不要淩晨三點還在外吃燒烤，更不要和醉漢爭吵。」

聽到這裡，木顏又不服氣了，她反駁道：「照你這麼說，我們應該狠狠譴責那位受害者，而不該把火力集中在罪犯身上？」

亦揚見木顏胡攪蠻纏，有點忍不住要生氣了，不過他知道一生氣，交談又會變成爭吵，於是他壓住怒火，繼續說：「我們當然不是要譴責受害者，提醒獨自去異地旅行的女生注意安全，這不等同於譴責。罪犯會得到應有的懲罰，但吃虧的還是受害者。受害者是無辜的，被醉漢打，疼的人是受害者，可是，這本來應該是可以避免的啊！」

木顏聽到這裡，終於不再辯駁了，語氣也軟了下來。「好，我知道了，下次不會那麼晚才回來了。」

亦揚不由得笑了，令他開心的是這一次的溝通沒有變成爭吵，自己也把道理說清楚了。

從那以後，亦揚有了新的煩惱，那就是每次給木顏建議的時候，她還是會把話題扯到他身上，這就意味著，只要給木顏提建議，問題說清楚後，他也得做一番檢討。

不過，亦揚沒有因此拒絕給木顏提意見，因為雖然他也得做檢討，但至少木顏肯接受他的意見了，而他也願意聽取她的建議，這算得上是共同進步了。

看了亦揚和木顏的故事，你明白了嗎？

溝通的時候保持鎮定，不僅能把握先機，更能避免激化雙方情緒，這樣，溝通才能起到解決問題的效果。

情緒不失控，說話不傷人

人只有在冷靜的狀態下，才能思考。

情緒失控下的「說者無心，聽者有意」

溝通中經常會出現「說者無心，聽者有意」的狀況，這種狀況又常常會在「說者」情緒失控的狀態下發生。

一個情緒失控的人非但不能準確表達內心的想法，甚至會說出與自己的真實想法完全相反的話。

比如，很多戀愛中的人會在情緒失控時對戀人說出「我根本就沒有愛過你」之類的話，但事實上，這並不是說者的真實想法。這種話一旦說了出來，事後再怎麼解釋，對方心裡也會有個疙瘩：他／她真的從沒有愛過我嗎？

再比如，很多家長批評孩子的時候，情緒失控，會對孩子說：「真希望沒生過你這種小孩！」絕大多數家長在說這話的時候，難道真的是想告訴孩子，自己希望沒有這個孩子嗎？儘管這話不是家長的真實想法，但聽到這樣的話，孩子必然會覺得很受傷。

在現實生活中，這類「說者無心，聽者有意」的例子數不勝數。

對於情緒失控的「說者」而言，一句傷人的話可能只是隨口的發洩而已；對於「聽者」而言，那句隨口的發洩卻宛若一把紮入心窩的尖刀。

很多說者在情緒爆發過後，甚至不記得自己在情緒失控時說過哪些傷人的話。「說者」可以很輕易忘掉自己說出的惡言，「聽者」卻沒那麼容易忘記自己聽到的惡言。

網路上曾經出現過這樣一個視頻，視頻前半段錄下了一些情緒失控的人朝別人口吐惡言的畫面，視頻後半段錄下了那些人冷靜下來後，觀看前半段視頻的反應。

不少人冷靜下來後，看到鏡頭裡瘋狂發洩情緒的自己感到很驚訝，他們壓根不相信那麼難聽的話是從自己嘴裡冒出來的。

這些人會有這種反應並不奇怪。一個情緒失控的人充滿了攻擊力，說無比傷人的話並不是為了表達內心感受，只是想達到傷害他人的目的，在那樣的情況下，那些人很可能壓根不知道自己說了什麼。

冷靜下來後，他們回頭看自己情緒失控時的表現，才意識到自己說出的話有多傷人。

人只有在冷靜的狀態下，才能思考。

發脾氣前，先數到十二

念西離婚了。她周遭的人都說，離婚後的她彷彿變了一個人。

大家認為，過去和念西聊天是一件很享受的事，但現在和念西聊天是一件很可怕的事。

念西的弟弟念慈覺得，姐姐的最大變化是她不再像以前一樣懂得照顧他人的情緒了。

的確，離婚後的念西經常語出傷人，似乎完全不在乎自己的話會給別人造成怎樣的傷害。

有一次，念西為了工作熬夜到深夜兩點多。

次日清晨，念西媽媽像往常一樣叫女兒起床吃早飯。

念西拒絕了，媽媽又喊了幾遍。

念西立馬爆發了，她突然從床上坐起來，歇斯底里地大吼：「我快累死了，為什麼逼我起床？妳希望我死，是嗎？我現在就跳樓去！」

雖然念西只是說說，並沒有進一步動作，但媽媽被她嚇傻了。老太太知道女兒近期心情不好，特別擔心她會想不開，聽了這種話，愣是嚇得一整天沒敢出門。

晚飯時間，念西在飯桌上莫名其妙地發起脾氣，念西爸爸實在受不了了，說了她幾句，她便頂撞：「你憑什麼管我，你又不是我親爸！」

這句話真的傷到爸爸的心了，念西的爸爸確實不是她的生父。

念慈坐不住了，朝姐姐吼道：「夠了，這段時間妳心情不好，大家都讓著妳，妳別得寸進尺！」

念西徹底爆發了，像個孩子一樣坐在地上又哭又鬧，要不是念慈力氣大，強行把她拖起來，還不知道她要鬧到什麼時候。

那天晚上，念西睡不著，起來喝水時看到爸爸一個人坐在陽台上抽菸，藉著外面的霓虹燈光，念西看到爸爸臉上落寞的神情。

她知道，自己晚飯時說的話真的刺傷爸爸了。

其實，念西跟繼父感情很深。念西的生父病逝了，那時念西還在媽媽的肚子裡，念西媽媽是在念西四歲時嫁給繼父的，繼父把念西當親女兒疼，為了給她買一架鋼琴，下班後做兼職，堅持了一年時間，才攢夠了買鋼琴的錢。

念慈出生後，繼父為了不讓念西受委屈，總把最好的東西給念西，他常常說：「女孩兒要富養，男孩兒要窮養，我們念西就得富養。」

這些，念西不是不記得，越是記得繼父的好，越是恨自己不爭氣，說出那樣傷人的話。

經過這件事之後，念西決心要管理好自己的情緒，盡量不讓自己失控。

念西發現自己之所以容易情緒失控，是因為離婚後承受的壓力太大了，她很擔心別人會在自己背後說長道短，長此以往，內心變得極其脆弱，一旦遇上不愉快的事，情緒立刻失控。

嚴格來說，情緒失控是自我防衛機制啟動的一種表現。這既是一種心理現象，也是一種生理反應。

從心理角度講，人的心理承受能力有一定限度，當負面情緒累積到極限時，必然會爆發出來。

從生理角度講，生物在感受到已經發生或可能發生的危害時，會採取極端反應自保。

遭受了失敗婚姻帶來的傷害，念西的自我防衛意識更強了，她總想著如何自保，進而發展為草木皆兵，認為所有人都會看低自己，生活中發生任何小事都能令她的情緒產生波動。

念西把自己想管理情緒的想法跟念慈聊了聊。

念慈很支持念西。他教念西一個簡單的方法：「情緒爆發時，不要說話，給自己十二秒的時間，在心裡從一數到十二。」

念慈說：「美國情緒管理專家羅奈爾得博士說過，暴風雨般的憤怒持續時間往往不超過十二秒。也就是說，妳只要控制好情緒最激動的十二秒，理性就會逐漸回歸大腦。」

使用了念慈所教的方法，念西的進步的確很大，情緒失控的狀況越來越少，幾乎不會語出傷人了。

其實，離婚後的念西不如從前那般懂得照顧他人情緒，根本原因並不是她失去了照顧他人情緒的能力，而是她無法管理好自己的情緒。

一個人要照顧他人的情緒，首先得管好自己的情緒，能保證自己情緒不失控，才有「富餘的能力」去照顧他人的情緒。

所以，不想講出傷人的話，先從控制自己的情緒開始吧。

合理的藉口讓拒絕不傷感情

所謂合乎情理的藉口，是你的藉口換來的是理解，不是埋怨。

拒絕借錢被公認為拒絕中最難以完成的，所以能完美拒絕借錢的人多半能完成各種各樣的拒絕。

大部分的人被借錢的時候，不免會說出「我也沒錢」、「我的錢都拿去買股票了」之類的搪塞之詞。

且不說這些藉口能否「蒙混過關」，只需稍加思考，也能推算出這些藉口的使用機率，應該位於借錢時最容易遇到的藉口排行榜首位吧。

既然「我也沒錢」、「我的錢都拿去買股票了」之類的藉口都被用爛了，那被借錢的時候，你還能用哪種藉口拒絕對方呢？

其實，無論是拒絕借錢，還是拒絕其他事，想不傷感情，重點是必須找一個合理的藉口。

如何完美地拒絕借錢？

詩陽被人借錢的時候，總能找到合理的拒絕理由。

同學小楠找詩陽借錢，她說：「詩陽，你可不可以借我五萬元？」

詩陽不急著回答「可不可以」的問題，他問小楠：「為什麼要借錢？」

小楠說：「我媽媽生病了，急需用錢，希望你能借我五萬元救救急。」

聽了對方的理由，詩陽不忍心拒絕，但他真的不方便拿出五萬元，所以，他對小楠說：「五萬元我是沒有，一萬元倒是拿得出來，過會兒我把錢轉給你，不用急著還，給阿姨看病要緊。」

小楠同意了，並對詩陽表示了感謝。

故事講到這裡，你肯定會覺得詩陽拿不出錢的藉口算不上高明，不但沒能成功拒絕借錢，反倒可能白白送出一萬元。

換一個思路想一想，小楠要借的是五萬元，詩陽借給她一萬元，這不也算是成功拒絕了借五萬元的請求了嗎？

小楠的借錢理由是救急，她要拿著借來的錢去給媽媽治病，說起來這筆錢也算是救命錢了。別人向你借救命錢，你難以拒絕，但由於數額太大，超出了自己能承受的範圍，那就意味著你還是得拒絕對方。

一方面，詩陽是願意幫助小楠的；另一方面，詩陽不想為了幫小楠而負債。所以，他決定以「答應借錢請求，拒絕借錢數額」的方式拒絕對方。

詩陽採取的「答應借錢請求，拒絕借錢數額」拒絕法其合理性在於：我願意幫忙救急，但我能力有限，所以不能按你的期望提供相應幫助。其中的關鍵點在於「能力有限」，「能力有限」就是一個合理的藉口。

莫爾找詩陽借錢的時候，詩陽同樣問他：「為什麼要借錢？」

莫爾說：「我想買車，但是我看中的那款車沒有免息貸款，所以我想跟你借點錢。」

聽到這個理由，詩陽立刻決定拒絕莫爾。

為了省利息而借錢，這表明莫爾認為向詩陽借錢比向銀行借錢更明智。理由是，向詩陽借錢不僅不用支付利息，還可以拖延還款時間。誰都知道向銀行借錢到期了就必須還款，向私人借錢，還款的期限則比較寬鬆，就算說好了什麼時候還，如果往後拖一拖，別人也沒辦法。

所以，把錢借給想省利息的人，意味著雙方的關係必然會變為催款關係。

詩陽說：「那我恐怕幫不上你的忙了。我看中了一間房子，可能近期就要付頭期款，要是不買的話，女朋友就要跟我分手了。」

這個藉口可以說非常合理了。你想借錢買車，我總不能把我買房的錢借給你吧？

且不說詩陽有沒有必要為了滿足朋友的需求而犧牲自己的需求，就拿「可能會分手」這一藉口來講，就夠令莫爾不得不接受了。

莫爾聽了詩陽的理由，只好放棄借錢的念頭，並對詩陽表示了理解。

合乎情理的拒絕藉口，得來理解，而非埋怨

見識了詩陽拒絕借錢的藉口，你學會怎樣拒絕他人了嗎？

不敢拒絕別人，無非怕失去自己在對方心目中的好印象。丟了好印象，關係多半會斷，說到底，不敢拒絕，是怕傷感情。

想拒絕別人，又想保住感情，你拋出的拒絕藉口就一定要合乎情理。所謂合乎情理，即你的藉口換來的只能是理解，不能是埋怨。

想一想，對你提出要求的人會因為什麼原因而埋怨你？

答案顯而易見——如果一個人向你提出了請求，對方在認為你可以提供幫助卻

就失效了。

遇到這種情況，你大可不必考慮如何不傷感情地拒絕對方了。

畢竟，對於那些要你犧牲自我、為他提供幫助的人，壓根不存在傷不傷感情的問題。遇到這樣的人，除非你無條件答應他的要求，否則別說「拒絕四部曲」，就算你用「拒絕十部曲」也照樣換不來理解，得到的只會是埋怨，那倒不如乾脆黑到底，讓對方埋怨個徹底，反正你也聽不到，不是嗎？

懂得認輸的人很懂說話

口頭的勝利是無謂的勝利，因為——聊天不是辯論大賽。

嘴巴厲害等於會說話？

祖辰很要強，事事都愛與人爭高低，尤其喜歡跟人打嘴仗，遇到的人嘴巴越厲害，他的鬥志越高昂。說起來，他也算巧舌如簧、舌燦如蓮了，憑藉著好口才在無數次嘴仗中所向披靡，而他也把百戰百勝的好成績當成了自己很會說話的證據。

總能打贏嘴仗和會說話是一回事嗎？

這個問題三言兩語解釋不清。但可以肯定的是，會說話的人都有好人緣，祖辰的人緣卻很一般，不僅如此，他還吃了不少嘴巴厲害的虧。

嘴巴厲害也會吃虧？

若不信，我們來看看祖辰因為嘴巴太厲害吃過哪些虧。

有一次，祖辰無意間聽到女同事在茶水間聊天，有位女同事說：「世上沒有好男人，天下烏鴉一般黑。」

祖辰沒忍住，衝進茶水間反駁：「妳見過幾個男人就敢評論全世界的男人了？」這句話把那位女同事噎得啞口無言，大家哄堂大笑，祖辰自鳴得意。

還有一次，祖辰批評同事的企劃書做得不好，對方不肯服輸，明知道祖辰是銷售部的，不善於做企劃書，偏偏故意拿話激他：「你行，你上啊！」

祖辰不急不慌地說：「怎麼，評論冰箱好不好，難道還得自己會製冷嗎？」對方無話可說，祖辰為口頭的勝利感到沾沾自喜。

更離譜的是，在推銷商品的時候，祖辰竟與客戶爭起了高低。對方說：「你這東西品質一般，價格卻不便宜。你知道嗎？昨天有人跟我推銷同類產品，他的報價比你的低一半，產品品質比你家的強。所以，你還是便宜點賣給我吧。」

祖辰說：「如果他家的產品品質那麼好，價格又比我家的低，你幹嘛費這個勁跟我講價，直接買他家的不就好了嗎？編謊話是要打腹稿的。」

祖辰的話令客戶感到非常尷尬，客戶雖然不知該怎樣反駁，但拒絕購買祖辰推銷的產品了。所以，那次推銷以失敗告終。

儘管屢次吃虧，祖辰卻戒不掉喜歡打嘴仗的習慣。不管跟誰聊天，他都會拚盡全力獲取口頭上的勝利，長此以往，他的人緣越來越差，漸漸地，也沒人願意跟他聊天了。

看來，總能打贏嘴仗和會說話並非一回事兒，否則，祖辰也不會落得個沒人願意跟他說話、沒人願意聽他說話的結局了。

做口頭上的輸家，人際上的贏家

前文提到過，每個人在發表個人觀點的時候都希望得到他人的認同。與人聊天時，你未必要委屈自己去滿足對方這方面的需求，但你絕不能強迫別人滿足自己的認同需求。

喜歡打嘴仗的人就是在強迫別人用否定自我的方式來認同他。這類人把自己的觀點當成了武器，把別人的觀點當成了打擊目標，總試圖用自己的觀點去打擊對方的觀點，且硬要打到對方認輸為止，他們完全意識不到這種做法有多幼稚。

如果你也喜歡打嘴仗，可以回顧一下，每次取得口頭勝利的那一刻，除了得到沾沾自喜的滿足感，你還得到了什麼？

或許，你曾因為嘴巴厲害得到了聽眾的贊許，但與此同時，你也得罪了輸家，並因此遭到對方厭惡，那是否可以理解為讚許和厭惡相互抵消，最終，你什麼都沒得到？

如此說來，口頭的勝利也只不過是一個無謂的勝利罷了。拚盡全力，冒著得罪人的風險，爭取一個無謂的勝利，值得嗎？聊天的時候發現自己的觀點與他人的觀點不一致，只需表明個人立場即可，沒有必要強迫對方認同自己。

如果你恰巧遇到一個和祖辰一樣喜歡打嘴仗的人，若能確保向對方認輸不會損害自己的利益，不妨把無謂的勝利讓給對方。

畢竟現實中的聊天不是辯論大賽，獲得了勝利，又沒有人頒獎給你，反倒可能因此惹人反感，為這種得不償失的「勝利」勞心勞力、費盡口舌，實在太不划算了。

不想聊天時，怎麼結束最機智？

要結束聊天很容易，只要不接對方的話，用簡短而禮貌的短句回應對方就足夠。

不接對方的話，簡短而禮貌地回應

積極學習溝通技巧，努力成為跟誰都聊得來的人，不是為了跟遇見的每一個人聊天。畢竟沒有人會閒到逮到一個人，就立刻開啟瘋狂聊天模式的。

每個人都希望能自主選擇聊天對象，但也都難免在聊天過程中遇到不想聊的話題、碰上不想交流的人。這種時候該怎樣結束聊天，才不會讓對方感受到明顯的拒絕呢？

在一般情況下，要結束聊天很容易，只要不接著對方的話說下去，無論對方說什麼，統一用簡短而禮貌的短句回應對方就足夠了。

例如，對方告訴你：「上個星期去旅行，竟然在機場遇到自己喜歡的明星。」

不想聽這個話題，你可以說：「太好了！」

對方可能會接著說：「是啊，她本人的皮膚超好，穿著也很好看。」

你就繼續讚賞：「太厲害了！」

對方如果還有興趣說下去，你就不斷地讚賞，切記，不要對對方談論的事件做任何評論，更不能問與之相關的任何問題。在一般情況下，不出三個回合，對方就會明白你對聊天內容不感興趣，識趣的人就不會繼續侃侃而談了。

當然，如果你不想表現得太失禮，就要注意，你的簡短回應最好不要是「噢」、「嗯」、「呵呵」之類無意義的語助詞。

不過，這一招並不能達到百試不爽的效果。如果你遇到了特別熱情的聊天對象，即便給的回應再簡短，對方可能還是不願意關閉話匣子，不想忍耐的話，恐怕就得要點「花招」了。

聊天不是寫文章，不用在話題之間承上啟下

芳霓被男友祝辰帶去跟他的親友見面。

吃飯的時候，祝辰的大姑滔滔不絕地說自己帶來的酒有多名貴。

大姑說：「你們看，這個酒瓶設計得這麼特別，是不是很有藝術感？在澳洲喝這種酒的人都是有錢人……」

芳霓環視眾人，發現大家都心不在焉，有人在玩手機，有人用筷子不停扒拉碗裡的食物，有人漫不經心地夾幾根菜來嚼……

祝辰見氣氛不好，隨手把一盤魚轉到大姑面前，笑說：「對啊，大姑最會挑酒。大姑，嚐嚐這個魚，特別鮮。」

大姑夾起魚肉，祝辰繼續說：「等下吃完飯，我跟芳霓要去看電影，哪些人想跟我們一起去？我要訂票了。」還不等大家回應，他又說：「只有同輩可以報名，長輩們就跟我老爸去喝茶吧，反正我們年輕人喜歡的電影你們也不愛看。」

終於可以擺脫大姑的無聊話題了，所有人立刻抓住機會，接住祝辰的話聊了起來。

堂弟起哄：「誰願意去當你們的電燈泡啊，你們自己去看就好了！」

小叔饒有興趣地問：「你倒是說說看，你們年輕人喜歡看什麼電影？我和你老爸年輕時，比你們還愛趕時髦。」

大家紛紛加入電影話題，大姑的名酒話題只能就此結束了。

芳霓覺得祝辰結束話題的方法很棒。原本她以為想結束一個話題，必須找一些合理的過渡話語，才能將一個話題順利轉到另一個話題上。

沒想到祝辰從誇讚大姑會挑酒講到魚很鮮，然後直接約人看電影，再很自然地跟長輩們開玩笑，這中間幾乎沒有過渡，話題轉換得很自然。

看來，結束一個話題，不需要費盡心思設置什麼過渡語、結語，只要乾脆俐落地說自己接下來想說的內容就好了。

其實，沒有祝辰做榜樣，芳霓也早該懂這個道理，因為聊天不是寫文章，不用在兩個話題之間特地準備一段承上啟下的內容。

反正沒有人會把你說的話通通記下來，從中挑毛病、摳字眼，何不放心大膽地暢所欲言呢？

學得這個「技能」後，芳霓不僅學會了如何結束話題，還學會了如何結束整場聊天。

有一次，芳霓去參加聚會。她在聚會上遇到了舊同學，那個同學有個毛病——不管跟誰見面，都喜歡抱怨自己的近況。她抱怨的事情都是雞毛蒜皮的小事，乏味透頂，讓人聽得頭痛，芳霓很怕跟她聊天，但芳霓還來不及祈禱對方不要看到她，那位同學已經走了過來。

同學說：「好久不見，最近好嗎？」

芳霓禮貌地回應：「還好。」

通常被別人問「最近好嗎？」的時候，大部分人都回一句：「還好，你呢？」芳霓不想問「你呢？」，是因為她不想聽對方陳述，她知道問了這種問題，會正中對方下懷，這個喜歡抱怨的同學肯定會藉此機會痛痛快快抱怨一番。

沒想到不發問，那個同學也能抱怨：「妳還好，我就不好了，每天愁得睡不著覺，妳看我的頭髮是不是又變少了？」

芳霓趕緊把這個同學領到餐桌邊，拿了很多芝麻糕放到她盤子裡。「多吃點芝麻對頭髮有好處。剛才我吃了這裡的芝麻糕，味道很好，妳先吃，我過去那邊看看還有沒有好吃的，一會兒給妳帶水果過來。」

同學只好乖乖坐下來吃芝麻糕，芳霓則乘機溜走了。

走到會場的另一邊，芳霓遇到另一位同學，那人特別喜歡炫富，講的話題也滿無聊的。對方先跟芳霓打招呼，芳霓只好迎了上去。

那人說：「妳也來了，見到妳真開心！」

芳霓熱情地跟對方握手，笑道：「我才開心呢！我以為你很忙，應該不會過來。今天好幾個同學都來了，班長也來了，在那邊，走！我帶你過去跟他們打個招呼。」

話說到這裡，那人只能跟著芳霓去見班長。趁那人跟班長聊天的時候，芳霓默默走開了。

那天的聚會對芳霓來說還算有趣。雖然遇到了兩個不想聊天的對象，但只用了簡單的方法，就輕鬆結束了談話。

不必勉強自己和不想聊的人聊天，可以自主選擇聊天對象，是再好不過的社交了。

當你想結束聊天的時候，不要有太多顧慮，不用費心找所謂合理的藉口，諸如有電話要回、想上廁所、或是要去處理急事……等。你只要在態度上表現出足夠的熱情，對方便不會感受到拒絕。接下來，你可以隨意抓一件事或一個人來代替對方想聊的事和自己這個傾訴對象，就能順利結束話題了。

人緣好的人提供良好的「情緒價值」

情緒價值指的是，引起他人情緒起伏的能力。

為何出了力卻討不了好？

簡希跟老婆吵架了，老婆跑回娘家，為了讓丈母娘幫自己說些好話，他請丈母娘吃了頓飯，花了將近兩千元。

心裡想著和老婆吵架的事，又花了這麼一大筆錢，簡希臉上擺出來的自然是難看的表情。

丈母娘不是傻子，看女婿不高興，也猜得到多半是心疼飯錢，多多少少有點不好意思，於是跟簡希客氣了幾句：「咱們是一家人，以後有事回家裡聊，別花那麼多錢來這種地方吃飯了。」

簡希耐著性子說：「沒事的，孝敬您是應該的。」

丈母娘說：「只要你疼我女兒就行了，孝不孝敬我無所謂。」

簡希心裡不痛快，說話就有點衝：「我給您花錢都那麼大方了，能虧待您女兒嗎？」

聽到這話，丈母娘也不痛快了。心想，我家又不是吃不起龍蝦，用得著你給我花這錢？要不是你把我女兒氣回了家，你會請我吃這頓飯？丈母娘越想火越大，飯也不吃了，起身就走。

簡希知道她肯定不會幫自己跟老婆說好話了。

本想花錢討好丈母娘，錢花出去了，目的卻沒達到，還適得其反，簡希看著一桌子菜，哭笑不得。

其實，簡希和老婆的感情很好，引發他們爭吵的事件微不足道。

那天，簡希跟老婆在家看電影，他還為老婆準備了水果和零食。

看了一陣子電影，老婆開了一罐汽水，動作幅度有點大，灑了很多汽水出來，其中一部分沾到了地毯上。

簡希立刻抓了幾張紙，認真擦拭地毯上的汽水，抱怨道：「這塊地毯是純羊毛製品，我託朋友在土耳其買的，妳又不是不知道，怎麼那麼不小心？」

老婆不以為意地說：「清洗一下不就行了嗎？」

老婆的話令簡希更不高興了，他皺著眉回應：「哪有妳說得這麼簡單，這能洗得乾淨嗎？」

老婆暫停了電影，質問：「你希望我怎樣？跪下來把汽水舔乾淨嗎？」

簡希見老婆故意抬槓，脾氣更大了。「我是讓妳小心一點，妳這麼糟蹋家裡的東西，我還不能說妳幾句了？」

老婆氣急了，把所有的汽水倒在地毯上，兩人大吵一架，老婆便跑回娘家了。

陪老婆看電影，給老婆切水果、買零食，必然能討老婆開心，結果卻因為一句話，鬧得這樣的結局，簡希感到非常無奈。

情緒價值與實際價值

為什麼簡希為老婆和丈母娘花費了時間和金錢，卻換不來自己想要的結果呢？原因就在於他只為她們提供良好的實際價值，卻不給她們良好的情緒價值。

在現實生活中，不懂得提供良好情緒價值的人比比皆是。這些人在抱怨一段關係時，經常說這樣的話：「我為他付出了這麼多，他怎麼能這樣對我？」

抱怨裡的「付出」指的就是實際價值。

這類人過於注重實際，是行動上的巨人，言語上的矮子。他們肯用實際行動對別人表達善意，卻不願意用言語提供情緒支援，因為他們堅信，付出要落在實處。簡希就是這種人。花錢討好丈母娘、陪老婆看電影，是在為她們提供實際價值，簡希想用這些實際價值換來自己需要的情緒價值，很顯然，他沒能如願以償。

看到這裡，你一定很想知道什麼是情緒價值吧？

情緒價值指的是，拿捏他人情緒，引起他人情緒起伏的能力。

簡言之，你讓另一個人的情緒產生了波動，你就為對方提供了情緒價值。當你對一個人的情緒產生負面影響的時候，你提供的就是壞的情緒價值；反之，當你對一個人的情緒產生正面影響，你提供的就是好的情緒價值。

通常，樂於向他人提供良好情緒價值的人，人緣都不會太差。這是因為人們在現實社交中，都渴望獲得正能量，抗拒接受負能量。

然而，儘管人人渴求正能量，很多時候，也會被動接受負能量，被動接收負能量的人其實就是在對外「支付」情緒價值。

比如，被戀人斥責的時候，你被動地接受了負能量，心情很差，但你不願意回擊對方，這時候你就在向對方支付情緒價值。

再比如，遭到老闆批評，你也在被動地接受負能量，你很惱火，但你不敢頂撞老闆，你就被動地向對方支付了情緒價值。

如果把一個人的良性情緒比作有額度的儲蓄，那麼不斷地對外支付情緒價值必然會導致良性情緒虧空。

此外，在現實生活中，即便能有效控制對外支付情緒價值的額度，一個人的情緒也會被大大小小的壞事消耗。如果不及時補充正能量，即良好的情緒價值，良性情緒儲蓄也會空掉。

良性情緒虧空到一定程度，便會出現情緒崩盤。

如果，與人相處時，你不但拒絕為對方提供良好情緒價值，反而一再消耗對方的良性情緒，強迫對方持續向你支付情緒價值，那麼崩盤的就不只是對方的情緒，還可能是你們之間的關係。

其實，在處理情緒問題方面，每個人都有趨利避害的能力，都會盡量避免情緒崩盤的情況發生在自己身上，所以，人們在社交活動中會渴望從他人身上獲得良好的情緒價值，也會主動靠近那些能為自己提供良好情緒價值的人。

值得一提的是，向他人提供良好的情緒價值不等於討好他人。

討好，必須迎合，但提供良好的情緒價值，只需要令對方產生良性情緒就夠了。

以下舉個例子，你便能明白提供良好的情緒價值和討好的區別了。

A與B討論甜點話題，A喜歡甜甜圈，B討厭甜甜圈。

A：我特別喜歡甜甜圈。

B：我也是，甜甜圈最好吃了。

這是討好。

A：我特別喜歡甜甜圈。

B：我更喜歡焦糖餅乾。焦糖餅乾的味道簡直令我瘋狂。

這是提供良好的情緒價值。

你明白了嗎？

提供良好的情緒價值就是不刻意討好他人，也不對外傳遞負能量，而是積極地把自己內心的好情緒傳遞出來，用樂觀、正能量的情緒去感染他人，讓周遭的人都感受到來自你的正能量。

如果你想要成為一個受歡迎的人，就大方地向周圍的人提供良好的情緒價值吧！

欲擒故縱，掌握主動權

希望別人答應你的請求，要先讓他拒絕你的請求。

欲擒故縱說話法

沐恩很怕開口求人，他很羨慕朋友希西，在他看來，所有人都對希西有求必應。最厲害的是，希西求助於人的時候從不說「拜託了」、「求求你」之類的懇求之詞，她似乎總有辦法讓對方主動為自己提供幫助。

有一次，希西請冠岩幫她修電腦，她是這樣向冠岩發出請求的：「冠岩，我電腦壞了，週末也不好意思讓你過來幫我修電腦，可是我有一大堆工作要處理，你看我能到你家用你的電腦完成工作嗎？」

冠岩大方地答應了希西的請求。

沒想到，希西反而推辭起來：「這樣好像不是很好，到你家工作會不會影響你和女友過週末？」

冠岩說：「無所謂啊，反正白天我們要去逛街。」

希西的語氣裡流露出愉快的情緒。「那好吧，我現在就過去。不過事情實在是太多了，我可能要熬通宵，晚上你們回來不用管我，我會安靜做事的，肯定不會打擾到你們。」

聽了這話，冠岩嚇了一跳。他可不希望希西真在自己家裡熬通宵，女朋友肯定會生氣，於是，他趕緊說：「原來妳有那麼多事要做，我看我還是現在過去，幫妳把電腦修好吧。」

電話這頭，希西露出了笑容，因為請冠岩幫自己修電腦才是她真正的目的啊。

還有一次，希西和沐恩去郊外泡溫泉。回家的路上，他們的車子拋錨了，希西讓沐恩打電話向朋友求助。

沐恩撓著頭，露出為難的神色，嘟囔道：「這麼晚了，讓人到郊區接我們，不太好吧？我們不如隨便找個旅館住下，明早再想辦法。」

希西說：「這附近沒有酒店，難道我們要在車上過一夜？還是你打算跟我徒步走回去？」

沐恩無奈地打開通訊錄，選了半天，好不容易才選了一個朋友的電話打了過去：「小林，你可以來郊區接我一下嗎？我的車子拋錨了。」

那位小林答道：「不好意思，我現在在開會，不方便去接你。你看看路邊有沒有旅館，找個旅館先住下吧。」

沐恩說：「沒有，這地方前不著村，後不著店，我這兒還有個女孩子，你不來接我們，我們就得在車裡過夜了。」

小林笑著說：「跟女孩子在野外過夜，那多浪漫啊。掛了啊，我真在開會，接不了你。」

不等沐恩回應，小林就把電話掛斷了。

沐恩感到十分沮喪，好不容易鼓足勇氣求一回人，沒想到竟是這樣的結果。

希西無奈地嘆了口氣，說：「你這麼說話是不行的，你以為你是誰啊，要別人接你，別人就會來接你。」

沐恩又撓了撓後腦勺，問道：「那我該怎麼說？人家不願意，我怎麼求都沒用啊。」

希西說：「誰讓你求人了？難道你就不會動動腦子讓別人說出你想說的話嗎？」說罷，希西拿出電話，選了一個號碼，撥了過去，電話很快被接通了。

希西說：「小古啊，我是希西，你可以幫我去機場接一下人嗎？凌晨三點準時到機場就行。今晚我沒辦法回城了，跟朋友出來泡溫泉，結果車子拋錨，我們只能在郊外過夜了。」

還沒等小古回話，希西急急補充道：「我要你幫我接的那個人是我在英國念書認識的朋友，她是個膽小鬼，不敢一個人住旅館，本來我打算把她接到家裡住，沒想到今天出了這種事。你能不能幫我把她帶到你家，然後弄點宵夜給她吃？因為從英國飛過來，時間太長，她肯定餓了，她從不吃飛機餐的。」

聽了這一大堆要求，小古趕緊推脫道：「這怎麼好？我明天還要上班，凌晨三點去接人，回來還要弄宵夜給她吃，那一個晚上都不用睡了。這樣吧，妳等著，我去郊外接妳，一小時就到了，到時候妳自己去接機。」

以退為進，會讓對方產生補償心理

掛了電話，希西朝沐恩得意一笑。「看到沒，這叫欲擒故縱，以退為進。」

沐恩不屑地說：「糊弄我呢，這叫哪門子欲擒故縱？欲擒故縱指的是想抓住一個人，先放開他，等他放鬆戒備，充分暴露軟肋，再把他抓住。這跟妳剛才耍的小聰明有什麼關係？」

希西笑著說：「希望別人答應你的請求，就先讓他拒絕你的請求。待他說出合乎情理的拒絕理由時，你再提出一個小要求，他多半會答應你的小要求，有時甚至你不需要提小要求，他會主動說出你想說的話。」

沐恩琢磨了一下，發現剛才的情形的確如希西所言，希西想要小古來接自己，她並沒有直接提這要求，而是提了一個更過分的要求。因為要求比較過分，小古有理由拒絕它，為了不讓希西太失望，小古主動提出補救方法，他提出的補救方法才是希西內心真正期望達到的目的。

見沐恩對自己的觀點感興趣，希西又補充道：「每個人都會有這樣的心理，拒絕了別人一個較大的請求後，內心會產生補償對方的念頭。因為，當一個人接受你的拒絕，你會覺得對方做出了讓步，自己也應該讓步，於是，你就會主動想辦法補償對方。」

聽了這番話，沐恩恍然大悟，原來希西利用他人渴望補償的心理掌控了話語權。

經過這件事後，沐恩沒那麼膽怯了，遇到難事，他也會向他人求助了。過去，沐恩不求人，根本原因是害怕遭到拒絕。現在掌握了「欲擒故縱」的方法，沐恩覺得自己勝券在握，便能大膽向他人求助。

經過幾次嘗試後，沐恩發現「欲擒故縱」不僅可以成功引導他人答應自己的請求，在其他形式的溝通中，這一招也用得上。

例如，當你和聊天對象的觀點產生衝突時，你應當大方一些，盡可能對對方的觀點表示贊同，把主動權讓給對方，只要不會過分損害個人利益，就值得為了「欲擒故縱」做出一點犧牲。

提到關鍵問題，觸及底線的時候，就不必繼續順應對方的觀點了，這時候你可以說出自己的想法，對方多半會因為你之前的「犧牲」而同意你的觀點。

簡言之，他人提出十個觀點，你可以大方同意那些無傷大雅的觀點，以換取對方的補償心理，讓對方明白你已經做出了退讓，令對方主動在你想保留的觀點上做出妥協。這樣，雙方的意見便能達成一致了。

善用「限定性因素」促進談判

想要在談判中獲勝，首先要瞭解對手，挖掘對方的「短板」，再根據對方的「短板」找到可以制住對方的「限定性因素」。

木桶原理在談判技巧中的應用

塗蘇的老公阿衍是個談判專家，塗蘇對談判頗感興趣，經常纏著阿衍給自己講談判技巧。

阿衍每天都要跟人談判，對談判這件事真是有點厭倦了，所以不太喜歡在閒暇時間和老婆聊相關話題。

有一次，阿衍被塗蘇糾纏得沒辦法，只好簡單說了幾句：「瞭解再多談判技巧也沒用，很多時候，決定談判勝負的是限定性因素。不會利用限定性因素，口才再好，談判技巧再高超，也等於零。」

塗蘇好奇地問：「什麼是限定性因素？」

阿衍說：「一時半會兒跟妳說不清楚，總之限定性因素與木桶原理相似。一只桶能裝多少水取決於這只桶的短板有多長。」

塗蘇當然知道什麼是木桶原理。

木桶由數片木條捆綁而成，一只好木桶，每片木條都是完整、無破損的，且所有木條長度一致。如果這只木桶中有一片木條出現了破損、短缺狀況，就會影響整個木桶的盛水量。

木桶原理又被稱為「短板效應」。這一原理可以理解為，一個人能否成功，並不取決於他的長處有多強，而取決於他的短處有多弱。也就是說，各項素質比較平均的人更易成功。

木桶原理提醒人們要重視自己的弱點，要努力突破限制因素。

塗蘇認同木桶原理，但她不理解木桶原理和談判技巧有什麼關聯。

直到有一天，發生了一件事，塗蘇才領悟到木桶原理與談判的關聯。

那天，塗蘇陪女兒在社區裡盪秋千。

十來分鐘後，一個老人家領著自家的孩子走了過來，那小孩上來就踹了塗蘇的女兒一腳，直接把女兒從秋千上踹得摔了下來。

塗蘇原以為老人會讓孩子向女兒道歉，沒想到那老人不但不教孩子道歉，反而在一邊笑了起來。

塗蘇可不願意自己的女兒受人欺負，於是上前說了那孩子幾句：「你為什麼踹姐姐？你看，姐姐都從秋千上摔下來了，你應該向她道歉。」

那孩子朝塗蘇做了個鬼臉，耍起了賴皮。「不，我就不，就不道歉！」

塗蘇嚴肅地說：「今天你必須跟我女兒道歉！」

那小孩忽然跑到老人懷裡撒起嬌來：「奶奶，她欺負我！」

老人家走了過來，質問塗蘇：「妳一個大人，怎麼好意思欺負孩子？」

塗蘇說：「妳哪隻眼睛看到我欺負他了？我倒要問問妳，妳家孩子幹嘛欺負我女兒？」

老人說：「我背著孫子走了兩公里，就為了來你們社區玩秋千，妳女兒占著秋千不讓，我孫子當然要打她。」

聽到這麼荒唐的理由，塗蘇哭笑不得。「妳的意思是我女兒就該讓他？憑什麼？」

老人強詞奪理道：「我家孩子小，妳家孩子大，大的就應該讓小的。再說，妳在這兒嚷嚷什麼？你沒聽過什麼叫尊老愛幼嗎？我比妳老，我孫子比妳女兒小，你們不該尊敬我，愛護我的孫子嗎？」

塗蘇氣得說不出話，明知對方講的是歪理，卻不知道該怎樣辯駁。

這時候，下班回家的阿衍剛好經過，遇到了妻子和女兒，看妻子臉色不對，女兒在哭，問清楚狀況後，心裡有些不痛快。

阿衍把女兒抱到了秋千上，說：「別哭，爸爸陪妳在這兒玩。」

老人有點急了，開始撒潑，直接朝阿衍吼了起來：「讓開！」

阿衍不緊不慢地說：「這個秋千是我們社區的公共設施，它歸我們社區的全體居民所有，也就是說，我擁有它的使用權。妳不是本社區的居民，有什麼權利使用它？」

老人不懂什麼是使用權，但她聽懂了阿衍的話，知道自己沒有權利在別人的地盤上亂來，便也無話可說，只能拉著孫子走了。

老人走後，阿衍對塗蘇說：「這種人，妳跟她扯大的該不該讓小的、她孫子該不該道歉的問題根本沒用，那些理兒不是死理兒，不管妳說啥，她都有理由反駁妳。直接告訴她，她沒有秋千使用權，她也就沒啥好說的了。」

阿衍的表現令塗蘇想到了談判，她頓時來了興趣，趕緊問道：「這就是限定性因素？」

阿衍笑答：「沒錯，這就是限定性因素。不管她說多少理兒，最能制住她的理兒只有一個，那就是她不是本社區的居民，沒有使用本社區公共設施的權利。」

經過阿衍的講解，塗蘇似乎明白該如何使用限定性因素了。

善用「限定性因素」使對方與你的意見達成一致

想要在談判中獲勝，首先要瞭解對手，挖掘對方身上的「短板」，根據對方的「短板」找到可以制住對方的限定性因素，利用限定性因素迫使對方接受自己的意見，就能在談判中獲勝了。

塗蘇學得很快，當晚就利用限定性因素讓阿衍答應了自己的要求。

塗蘇對阿衍說：「我想去學烘焙。」

阿衍一臉無奈地問：「妳怎麼又要學烘焙了？上次我們不是聊過這個了？妳已經答應我不去學了啊。」

塗蘇說：「上次你說學烘焙要試吃作品，怕我攝入太多糖分，引發『三高』，我答應你盡量不試吃了啊。」

阿衍說：「學烘焙容易燙到手，我可不忍心自己老婆的手被燙出疤來。」

塗蘇撒嬌道：「我會小心的。」

阿衍仍然沒有動搖，他故作嚴肅道：「不行，學烘焙要花大量時間，妳每天工作夠忙的了，下班了還去學烘焙，我和女兒的晚飯問題誰來解決？」

換作以前，塗蘇會反問阿衍：「煮飯的事兒憑什麼歸我？」但經過了秋千事件，塗蘇意識到講這些不是死理兒的理根本不管用，阿衍一定會找理由反駁自己。

於是，塗蘇什麼理由也沒說，只問了一句：「我才是咱家掌控經濟大權的人，對不對？」

阿衍不明白塗蘇為什麼突然提這事，他一頭霧水地點了點頭。

塗蘇滿意地笑了，繼續問：「家裡的錢怎麼花，我說了算，對不對？」

阿衍仍然只能點頭。

塗蘇說：「那就行了，我決定請人做飯，花錢給自己報烘焙班的課。這兩筆錢花定了，你讓不讓我上課，隨便吧。」

阿衍這才明白過來，原來塗蘇提錢的事兒，是為了要限定性因素這一招。於是，他只能假裝生氣地哀號起來：「天哪，真是教會了徒弟，餓死了師傅！妳這麼快就學會了用限定性因素跟我談判，我這個談判專家自愧不如！學去吧，學去吧，就算我能說出一萬個不讓妳學烘焙的理由來，我也不是家裡掌控經濟大權的人，錢怎麼花，還得聽妳的。妳掏錢付了學費，不讓妳學，那不就浪費了？好吧，我輸了。」

聽阿衍這麼說，塗蘇忍不住發出了勝利的歡呼聲。

你也能在談判中利用限定性因素使對方與你的意見達成一致嗎？找個機會試試看，便可知曉答案了。

國家圖書館出版品預行編目資料

99%的溝通，都是在解決情緒問題！／丁頁著；
--初版--台北市：春光出版：家庭傳媒城邦分公司發行；民109.5
面； 公分. --
ISBN 978-957-9439-96-1(平裝)
1.應用心理學 2.人際傳播 3.溝通技巧
177.1 109006068

99%的溝通，都是在解決情緒問題！

作　　者／丁頁
企畫選書人／張世國
責任編輯／李曉芳

版權行政暨數位業務專員／陳玉鈴
資深版權專員／許儀盈
行銷企畫／陳姿億
行銷業務經理／李振東
副總編輯／王雪莉
發 行 人／何飛鵬
法律顧問／元禾法律事務所 王子文律師
出　　版／春光出版
台北市 104 中山區民生東路二段 141 號 8 樓
電話：(02) 2500-7008 傳真：(02) 2502-7676
部落格：http://stareast.pixnet.net/blog E-mail：stareast_service@cite.com.tw
發　　行／英屬蓋曼群島商家庭傳媒股份有限公司城邦分公司
台北市中山區民生東路二段 141 號11 樓
書虫客服服務專線：(02) 2500-7718 / (02) 2500-7719
24小時傳眞服務：(02) 2500-1990 / (02) 2500-1991
服務時間：週一至週五上午9:30～12:00，下午13:30～17:00
郵撥帳號：19863813 戶名：書虫股份有限公司
讀者服務信箱E-mail: service@readingclub.com.tw
歡迎光臨城邦讀書花園 網址：www.cite.com.tw
香港發行所／城邦（香港）出版集團有限公司
香港灣仔駱克道 193 號東超商業中心 1 樓
電話：(852) 2508-6231 傳眞：(852) 2578-9337
E-mail : hkcite@biznetvigator.com
馬新發行所／城邦（馬新）出版集團 Cite(M)Sdn. Bhd
41, Jalan Radin Anum, Bandar Baru Sri Petaling,
57000 Kuala Lumpur, Malaysia.
Tel: (603) 90578822 Fax:(603) 90576622 E-mail:cite@cite.com.my

封面設計／周家瑤
內頁排版／極翔企業有限公司
印　　刷／高典印刷有限公司

■ 2020 年（民 109）5 月 28 日初版
■ 2024 年（民 113）1 月 10 日初版 2.1 刷
Printed in Taiwan

售價／350元

城邦讀書花園
www.cite.com.tw

ISBN 978-957-9439-96-1

廣告回函
北區郵政管理登記證
台北廣字第000791號
郵資已付，免貼郵票

104 台北市民生東路二段 141 號 11 樓

英屬蓋曼群島商家庭傳媒股份有限公司

城邦分公司

請沿虛線對折，謝謝！

愛情・生活・心靈

閱讀春光，生命從此神采飛揚

春光出版

書號：OK0130　　書名：99% 的溝通，都是在解決情緒問題！

請於此處用膠水黏貼

讀者回函卡

謝謝您購買我們出版的書籍！請費心填寫此回函卡，我們將不定期寄上城邦集團最新的出版訊息。

姓名：________________________

性別：□男　□女

生日：西元________年________月________日

地址：________________________

聯絡電話：________________ 傳真：________________

E-mail：________________________

職業：□ 1. 學生 □ 2. 軍公教 □ 3. 服務 □ 4. 金融 □ 5. 製造 □ 6. 資訊
□ 7. 傳播 □ 8. 自由業 □ 9. 農漁牧 □ 10. 家管 □ 11. 退休
□ 12. 其他 ________________

您從何種方式得知本書消息？

□ 1. 書店 □ 2. 網路 □ 3. 報紙 □ 4. 雜誌 □ 5. 廣播 □ 6. 電視
□ 7. 親友推薦 □ 8. 其他 ________________

您通常以何種方式購書？

□ 1. 書店 □ 2. 網路 □ 3. 傳真訂購 □ 4. 郵局劃撥 □ 5. 其他 ______

您喜歡閱讀哪些類別的書籍？

□ 1. 財經商業 □ 2. 自然科學 □ 3. 歷史 □ 4. 法律 □ 5. 文學
□ 6. 休閒旅遊 □ 7. 小說 □ 8. 人物傳記 □ 9. 生活、勵志
□ 10. 其他 ________________

請於此處用膠水黏貼